ATLAS

ZUR

PATHOLOGIE DER ZÄHNE.

BEARBEITET VON

WEIL. PROF. DR M. HEIDER UND PROF. DR C. WEDL.

DIE ZEICHNUNGEN SÄMMTLICH NACH DER NATUR AUFGENOMMEN VON

DR C. HEITZMANN.

I. — VIERTE LIEFERUNG.

ATLAS

TO THE

PATHOLOGY OF THE TEETH.

ARRANGED AND EXPLAINED BY

THE LATE PROF. DR M. HEIDER AND PROF. DR C. WEDL.

ALL THE DRAWINGS ARE TAKEN FROM NATURE BY

DR C. HEITZMANN.

PART I. — IV.

LEIPZIG:

VERLAG VON ARTHUR FELIX.

DRUCK VON BREITKOPF UND HÄRTEL IN LEIPZIG.

ATLAS

ZUR

PATHOLOGIE DER ZÄHNE.

BEARBEITET VON

WEIL. PROF. D.R M. HEIDER UND PROF. D.R C. WEDL.

DIE ZEICHNUNGEN SÄMMTLICH NACH DER NATUR AUFGENOMMEN VON

D.R C. HEITZMANN.

ATLAS

TO THE

PATHOLOGY OF THE TEETH.

ARRANGED AND EXPLAINED BY

THE LATE PROF. D.R M. HEIDER AND PROF. D.R C. WEDL.

ALL THE DRAWINGS ARE TAKEN FROM NATURE BY

D.R C. HEITZMANN.

LEIPZIG:

VERLAG VON ARTHUR FELIX.

1869.

DEM

CENTRALVEREIN DEUTSCHER ZAHNÄRZTE

ZUR ERINNERUNG

AN SEINEN EINSTIGEN PRÄSIDENTEN

WEIL. PROF. DR M. HEIDER

IN AUFRICHTIGER HOCHACHTUNG

GEWIDMET VON

C. WEDL.

Vorrede.

Als mein nunmehr seit vollen drei Jahren dahin geschiedener Freund Prof. Dr. M. Heider und ich zu Beginn des Jahres 1862 es unternommen hatten, die Pathologie der Zähne zu bearbeiten, dachten wir, damit in drei bis vier Jahren zu Ende zu kommen. Wir beabsichtigten, vorerst einen Atlas zur Pathologie der Zähne zu veröffentlichen, und nach dessen Herausgabe zur systematischen Bearbeitung zu schreiten. Der erstere war zu Ende des Jahres 1865 nahezu vollendet. Ueber einige Kapitel der Pathologie haben wir gleichsam als Vorläufer Mittheilungen in der Deutschen Vierteljahresschrift für Zahnheilkunde gemacht.

Dieser gemeinsamen Arbeit und deren Veröffentlichung stemmten sich jedoch vielfache Hindernisse entgegen. Die wiederholten schweren Krankheitsanfälle meines biederen Freundes und seine langwierige Todeskrankheit traten hemmend entgegen, ebenso schoben die Kriegsereignisse und andere Umstände die Publikation des Atlas einige Jahre hinaus.

Der vorliegende Atlas soll sowohl als Illustration zu der hoffentlich im Laufe des nächsten Jahres erscheinenden Pathologie der Zähne dienen, als auch ein selbstständiges Werk bilden. Die Methode in den Naturwissenschaften, durch Zusammenhang von Bild und Wort den Darstellungen eine ganz bestimmte Richtung vorzuzeichnen, Vorstellung und Begriff in ganz bestimmte Bahnen einzulenken, und den Leser auf diese Weise in medias res einzuführen, hat zweifelsohne ihre volle Berechtigung, ein Beweis hiefür ist, dass sie mehr und mehr in den Naturwissenschaften gepflegt wird. Eine schnellere und richtigere Auffassung des Vorgetragenen, eine Ersparniss von Zeit und Raum sind die Früchte dieser Methode, deren scheinbare grössere Kostspieligkeit durch den Nutzen reichlich aufgewogen wird.

Dem nothwendigen Erfordernisse, einer naturgetreuen, geschickten und klaren Darstellung im Bild wurde bei unserem Unternehmen vollkommen Genüge geleistet. Wir waren in die angenehme Lage versetzt, vortreffliche Zeichnungen aus der Hand des bewährten

Preface.

When at the beginning of the year 1862 my late friend Prof. Dr. M. Heider, who died in 1866, and myself had undertaken to write a work on the Pathology of the Teeth, we thought we should finish it within three or four years. We intended first to publish an Atlas on the Pathology of the Teeth, and then to proceed to the systematic work. The former was nearly completed at the end of the year 1865. We published preliminary Essays on some chapters of Pathology in the German Quarterly Review for Dental Science.

A variety of impediments, however, have retarded our joint work and its publication. The repeated heavy attacks of my late worthy friend, and the lingering illness that preceded his death, impeded the progress of the work, and the war and other circumstances likewise contributed to delay the publication of the Atlas for some years.

The present Atlas is intended both to illustrate the Pathology of the Teeth, to be published, it is hoped, in the course of next year, and to serve as an independent work. The method now pursued in natural sciences of giving the representations a well-defined direction by connecting figure and word, of guiding the idea and conception in the right paths, and of thus introducing the student *in medias res*, is no doubt fully justified, which is proved by its being cultivated more and more in those sciences. A more rapid and accurate comprehension of what is represented, as well as a saving of time and space, are the fruits of that method, the seemingly greater expense of which is amply outweighed by the advantage.

The indispensable requirement in an illustration of a true, skilful, and clear representation after nature has been perfectly satisfied in our work. We were so fortunate as to obtain excellent drawings from the hand of the well-reputed Dr. C. Heitzmann, and it was our

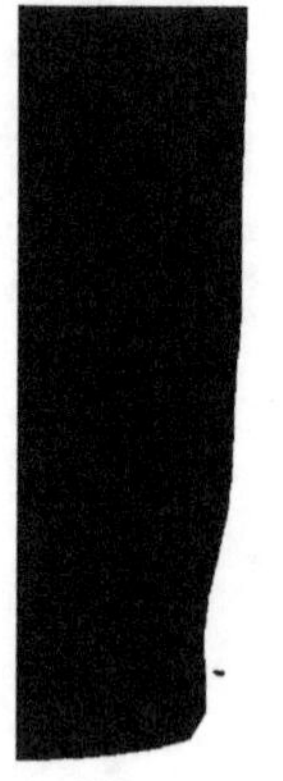

Herrn Dr. C. HEITZMANN zu erhalten, und es war unser beiderseitiger Wunsch, dieselben in Kupfer vervielfältigen zu lassen. Der Kostenpunkt jedoch machte dies unmöglich, und es war ein glückliches Zusammentreffen von Umständen, dass derselbe Künstler die Lithographie seiner Zeichnungen ausführte. Dass hierbei das Möglichste in der Uebertragung auf Stein geleistet wurde, wird wohl Jedermann gern zugestehen. An der für einen Atlas erforderlichen Eleganz der Ausstattung hat es der Herr Verleger nicht fehlen lassen. —

Die Figuren zum Atlas wurden aus einer bedeutenden Anzahl von Präparaten ausgewählt; ein grosses Material stand uns zu Gebot und wurde dasselbe noch durch freundliches Ueberlassen exquisiter Fälle von Seite mehrerer Collegen wesentlich bereichert. Die Erklärung der Figuren ist mit möglichster Präcision und Objectivität abgefasst, die Anreihung der Figuren nach den pathologischen Processen vorgenommen worden. Es wäre wohl möglich und in mancher Beziehung wünschenswerth gewesen, die Repräsentanten dieser Processe zu vermehren, es wurde jedoch vorgezogen, den Atlas abzuschliessen, um die Herstellungskosten nicht zu erhöhen. Uebrigens werde ich bestrebt sein, Mangelndes in der Pathologie zu ergänzen.

Bei der hohen Ausbildung der praktischen Zahnheilkunde in England und den Vereinigten Staaten von Amerika habe ich eine Uebersetzung des Textes ins Englische auch im Interesse des Herrn Verlegers für erspriesslich gehalten. Wenn hierbei ein Germanismus hie und da nicht ausgemerzt wurde, so wird man es hoffentlich entschuldigen.

Die ausgezeichnete Anerkennung, welche den ersten Lieferungen des Werkes in einigen Fachjournalen des In- und Auslandes zu Theil wurde, macht in mir die Ueberzeugung rege, dass das Bestreben, der pathologischen Anatomie der Zähne und ihrer adnexa eine weitere Grundlage zu geben, ein zeitgemässes sei, und der Atlas als Resultat dieses Bestrebens seinen bescheidenen Antheil zur Förderung einer wissenschaftlichen Zahnheilkunde beitragen werde.

Wien, Juli 1869.

Carl Wedl.

mutual desire to have them multiplied in copper-plate. The expense, however, rendered this impossible; an by a happy concurrence of circumstances the same arti executed the lithography of his own drawings. Ever one will gladly admit, that the utmost has been dor in the copies on stone. The publisher, moreover, h not failed in getting up the Atlas with the desirabl elegance.

The figures in the Atlas have been selected out o a large number of preparations; vast materials were our disposal, and these were, in addition, essentiall enriched by several colleagues, who kindly transmitte exquisite specimens. The explanation of the figure will be found to be worded with the utmost precisio and objectiveness, while the arrangement is made ac cording to the pathological processes. It would, indeed have been possible, and, in some respects, desirabl to augment the representations of these processes, bu we preferred limiting ourselves so as not to increase th expenses of publication. I shall, however, endeavour t supply the deficiencies in the proposed Pathology.

Considering the high cultivation of practical denta science in England and the United States, I though it advantageous, not only to the interest of the publisher to translate the letter-press into English. If some Ger manisms should still be met with here and there, hope they may be excused.

The high and distinguished approbation whicl has been bestowed on the first parts of this work i several German and foreign professional journals raise the hope within me that the endeavour to give a broade basis to the pathological Anatomy of the Teeth and al that appertains thereto may be an opportune one, anc that the Atlas, as the result of that endeavour, ma have its humble share in promoting dental science.

Vienna, July 1869.

Charles Wedl.

Inhaltsverzeichniss der Tafeln.

Tafel I.

Fig. 1. Ueberzählige oder Zapfenzähne.
Fig. 2. Seitenansicht eines im Oberkiefer eingebetteten Schneidezahnes.
Fig. 3. Ansicht der Gaumenfläche desselben Präparates.
Fig. 4. Vorderes Segment eines Unterkieferbogens mit nicht zum Durch-
     bruche gekommenen Eckzähnen.
Fig. 5 Unterer Mahlzahn mit sehr langen divergirenden Wurzeln.
Fig. 6. Backenzahn mit sehr langen divergirenden Wurzeln.
Fig. 7. Eck- und Backenzahn mit Knickungen.
Fig. 8. Zahn (unterer Backenzahn?) mit 3 fingerförmigen Lappen an sei-
     ner Krone.
Fig. 9. Monströser Mahlzahn.
Fig. 10. Weisheitszahn mit hakenförmig gekrümmten, verschmolzenen
     Wurzeln.
Fig. 11. Unterer Mahlzahn mit 5 getrennten Wurzeln.
Fig. 12. Oberer Mahlzahn mit vollkommen verschmolzenen Wurzeln.
Fig. 13. Oberer Mahlzahn mit sehr langen, theilweise verschmolzenen
     Wurzeln.
Fig. 14. Weisheitszahn, dessen eine Wurzel sichelförmig gekrümmt ist
Fig. 15 Milchbackenzahn, zwischen seinen Wurzeln die Krone des blei-
     benden einschliessend.
Fig. 16. Geriefter Eckzahn. Durchschnitt.
Fig. 17. Mittlerer und seitlicher bleibender Oberkieferschneidezahn ver-
     schmolzen.

Tafel II.

Fig. 18. Wurzeln des zweiten oberen Mahl- und des Weisheitszahnes ver-
     schmolzen.
Fig. 19. Wurzeln des zweiten oberen Mahl- und des Weisheitszahnes ver-
     schmolzen.
Fig. 20. Doppelmissbildung eines unteren Weisheitszahnes.
Fig. 21. Zwei Backenzähne verschmolzen.
Fig. 22. Milchschneide- und Eckzahn verschmolzen. Durchschnitt.
Fig. 23. Schmelztropfen eines Mahlzahnes.
Fig. 24. Durchschnitt desselben Schmelztropfens.
Fig. 25. Schmelztropfen eines vierwurzeligen Mahlzahnes.
Fig. 26. Grosser Schmelztropfen eines missgebildeten Zahnes.
Fig. 27. Missgebildeter seitlicher Schneidezahn mit einer mul-
     denförmigen Vertiefung.
Fig. 28. Unterer Weisheitszahn mit einem den Wurzeln aufsitzenden
     Hartgebilde.
Fig. 29. Querschnitt dieses Hartgebildes.
Fig. 30 Zwerghafter Mahlzahn.
Fig. 31. Durchschnitt desselben Zahnes.

Tafel III.

Fig. 32. Partie der Schmelzfalte mit Zahnbein desselben zwerghaften
     Mahlzahnes.
Fig. 33. Weisheitszahn mit einer Längenspalte.
Fig. 34. Basaltheil eines missgebildeten Mahlzahnes.

List of the Plates.

Plate I.

Fig. 1. Supernumerary teeth.
Fig. 2. Incisor in a horizontal position imbedded in the upper-jaw.
Fig. 3. Palatal view of the same specimen.
Fig. 4. Anterior segment of the lower jaw with the two canines not having
     appeared through the gums.
Fig. 5. A molar with very long somewhat divergent roots.
Fig. 6. A bicuspid with very long divergent roots.
Fig. 7. Regularly graduated deviation from the axis of a canine and
     bicuspid.
Fig. 8. A bicuspid of the under-jaw (?), the crown of which is divided
     in three finger-like lobules.
Fig. 9 A monstrous molar of the upper-jaw.
Fig. 10. A wisdom-tooth with roots blended together and hooked.
Fig. 11. A molar of the under-jaw with five roots.
Fig. 12. A molar of the upper-jaw with roots blended.
Fig. 13. A molar with roots extraordinary long and partly blended.
Fig. 14. A wisdom-tooth with roots blended and flawed on their ends.
Fig. 15 A temporary molar embracing with its roots the crown of the
     bicuspid.
Fig. 16. Section of a fang with transverse furrows.
Fig. 17. The left permanent central and lateral incisor united throughout
     their whole length.

Plate II.

Fig. 18. Union of the roots of a second molar and wisdom-tooth
Fig. 19 Union of the roots of a second molar and wisdom-tooth.
Fig. 20. A double wisdom-tooth.
Fig. 21. Union of two bicuspids.
Fig. 22. Transverse section of two united temporary teeth.
Fig. 23. Nodule of enamel on a molar.
Fig. 24. Section of the same nodule.
Fig. 25. A molar-tooth of the upper-jaw with four roots, with a nodule of
     enamel.
Fig. 26. A large nodule of enamel on a four-rooted tooth.
Fig. 27. A permanent lateral incisor ill-formed.
Fig. 28. A wisdom-tooth with a hard formation on the roots.
Fig. 29. Transverse section of that hard formation
Fig. 30. A dwarfish molar-tooth.
Fig. 31. Section of the same tooth.

Plate III.

Fig. 32. Particle of the deeply penetrating fold of enamel with the attached
     dentine from the same tooth.
Fig. 33. A wisdom-tooth with a piece of dentine grown into it.
Fig. 34. View of the base of an ill-formed tooth.

Fig. 35. Seitenansicht derselben Missbildung.
Fig. 36. Querschnitt von derselben Missbildung.
Fig. 37. Querschnitt von derselben Missbildung.
Fig. 38. Querschnitt von derselben Missbildung.
Fig. 39. Querschnitt von einer ähnlichen Zahnmissbildung.

Tafel IV.

Fig. 40. Segment einer netzförmig atrophischen Pulpe.
Fig. 41. Aus dem Parenchym einer solchen Pulpe.
Fig. 42. Seitenansicht der Randpartie einer solchen Pulpe.
Fig. 43. Blutgefäss aus einer solchen Pulpe.
Fig. 44. Oberflächliche Partie aus einer solchen Pulpe.
Fig. 45. Blutgefässe aus einer solchen Pulpe.
Fig. 46. Netzförmig atrophischer Pulpakörper mit Kalkablagerungen.
Fig. 47. Nervenröhrenbündel aus einer atrophischen Pulpawurzel.

Tafel V.

Fig. 48. Kalkconcremente aus der Pulpawurzel.
Fig. 49. Kalkig incrustirte Blutgefässe aus einer Pulpe.
Fig. 50. Thrombose in Blutgefässen einer atrophischen Pulpawurzel.
Fig. 51. Verkalkungen der Pulpawurzeln.
Fig. 52. Netzförmige Verkalkung aus der Pulpawurzel.
Fig. 53. Kalkincrustationen im Wurzelkanal.
Fig. 54. Warzige Dentinneubildung auf einem Stiele sitzend.
Fig. 55. Glatte Dentinneubildung, die Pulpahöhle nahezu ausfüllend.
Fig. 56. Atrophische Pulpe mit eingeschlossenen Dentinneubildungen.
Fig. 57. Durchschnitt einer encystirten Dentinneubildung.
Fig. 58. Querschnitt einer dreieckigen Dentinneubildung.

Tafel VI.

Fig. 59. Blutführender Kanal im Zahnbeine mit sich entwickelnden Neubildungen.
Fig. 60. Querschnitt von einem Zahne sammt einer mit dem Zahnbeine theilweise verwachsenen Dentinneubildung.
Fig. 61. Querschnitt einer mit dem entsprechenden Zahnbeine innig verwachsenen Dentinneubildung.
Fig. 62. Von dem Querschnitt derselben Dentinneubildung.
Fig. 63. Zahlreiche kleine Dentinneubildungen an einem Querschnitte von verschmolzenen Wurzeln.
Fig. 64. Eine Dentinneubildung aus dem vorigen Querschnitte.
Fig. 65. Dentinneubildung aus einem Wurzelkanale.

Tafel VII.

Fig. 66. Multiple Dentinneubildung in das Zahnbein eingeschoben.
Fig. 67. Aus einem Hartgebilde der Pulpe eines Milchzahnes.
Fig. 68. Multiple Dentinneubildung mit zwischengelagerten Pulparesten.
Fig. 69. Durchschnitt eines Hartgebildes der Pulpe mit den drei Zahnsubstanzen.
Fig. 70. Dentinneubildung entsprechend der cariösen Stelle am Zahnhalse.
Fig. 71. Eine mit dem cariösen Zahnbeine verschmolzene Dentinneubildung; Durchschnitt.
Fig. 72. Partie der vorigen Dentinneubildung.
Fig. 73. Geheilter Bruch der Wurzel eines Backenzahnes.
Fig. 74. Schnitt an der Bruchstelle desselben Zahnes.

Tafel VIII.

Fig. 75. Partie aus dem vorigen Schnitte.
Fig. 76. Neubildung von Osteodentin aus einem Unterkieferschneidezahn einer Antilope.
Fig. 77. Vascularisirtes Zahnbein von der vorhergehenden Neubildung.
Fig. 78. Vascularisirtes Zahnbein von derselben Neubildung.
Fig. 79. Sarkomatös entartete Pulpe (sogen. Polyp).
Fig. 80. Aus einer entzündeten, theilweise eiternden Pulpe.
Fig. 81. Aggregirte Fetttröpfchen in dem Parenchym einer Pulpe.

Fig. 35. Lateral view of the same specimen.
Fig. 36. Section of the same specimen.
Fig. 37. From a transverse section of the same specimen.
Fig. 38. From a transverse section of the same specimen.
Fig. 39. Transverse section of an ill-formed molar.

Plate IV.

Fig. 40. A segment of a netlike atrophic pulp.
Fig. 41. From the parenchyma of a highly netlike atrophic pulp.
Fig. 42. Lateral view of the edge of a netlike atrophic pulp.
Fig. 43. A blood-vessel in the netlike atrophic pulp.
Fig. 44. Superficial part out of a netlike atrophic pulp.
Fig. 45. Blood-vessels from the same atrophic pulp.
Fig. 46. Netlike atrophic body of the pulp with deposits of lime.
Fig. 47. Bundles of nervous tubes out of an atrophic root of the pulp.

Plate V.

Fig. 48. Concrements of lime out of the rooty part of the pulp.
Fig. 49. Blood-vessels incrustated by lime.
Fig. 50. Thrombosis in blood-vessels of an atrophic pulp.
Fig. 51. Calcifications of the pulp in the roots.
Fig. 52. Calcification of the rooty part of the pulp.
Fig. 53. Spherical incrustations of lime in the canal of the root.
Fig. 54. Wartlike new-formation of dentine fixed with a small pedicle.
Fig. 55. A new-formation of dentine nearly filling up the pulp-cavity.
Fig. 56. An atrophic pulp with included new-formations of dentine.
Fig. 57. Section of a simple encysted new-formation of dentine.
Fig. 58. Transverse section of a triangular new-formation of dentine.

Plate VI.

Fig. 59. A canal with two blind ends in the middle of the dentine filled with blood.
Fig. 60. Transverse section of the neck of a molar with a new-formation of dentine.
Fig. 61. New-formation of dentine melted into the original dentine.
Fig. 62. From the same section of the new-formation.
Fig. 63. Numerous new-formations of dentine in the united roots of a molar.
Fig. 64. New-formations of dentine from the preceding section.
Fig. 65. New-formation of dentine.

Plate VII.

Fig. 66. Multiple new-formation of dentine.
Fig. 67. Out of a hard formation in the pulp.
Fig. 68. Multiple new-formation of dentine with interposed residua of the pulp.
Fig. 69. Section of a hard formation in the pulp with the three substances.
Fig. 70. A new-formation of dentine corresponding to the carious part.
Fig. 71. A new-formation of dentine united with the original dentine on the part corresponding to the caries.
Fig. 72. A segment of the preceding new-formation.
Fig. 73. A fracture of the root healed up.
Fig. 74. Section of the preceding tooth in the fractured place.

Plate VIII.

Fig. 75. A part of the same section.
Fig. 76. New-formation of osteodentine on the left incisor of the under-jaw of an Antelope.
Fig. 77. Vascularised dentine out of the internal layer of the preceding new-formation.
Fig. 78. Vascularised osteodentine of the same new-formation.
Fig. 79. Sarcomatous pulp (Polyppus of dentists).
Fig. 80. Out of an inflamed, partly suppurating pulp.
Fig. 81. Aggregated fatty granules in the parenchyma of the pulp.

Tafel IX.

Fig. 82. Schmelzhäutchen mit tropfenartigen, colloidähnlichen Auflagerungen.

Fig. 83. Netzartig zerklüftete Partie eines Schmelzhäutchens.

Fig. 84. Quer und schief gelagerte Schmelzprismen von demselben Schmelzhäutchen.

Fig. 85 Pigmentirung der Schmelzprismen bei beginnender Caries.

Fig. 86. In theilweiser Zerstörung begriffener Schmelz im Beginne der Caries.

Fig 87. Längenschnitt durch eine Krone im ersten Stadium von Caries.

Fig 88. Längendurchschnitt einer Krone im Beginne des zweiten Stadiums von Caries.

Fig 89. Chronische Caries eines Mahlzahnes.

Fig. 90. Caries im Beginne des zweiten Stadiums von einem gerieften Zahne.

Fig. 91. Diaphane Flecken und Streifen im Zahnbeine bei Caries.

Tafel X.

Fig. 92. Verdickung der Dentinzellenfortsätze im knorpelartig gewordenen Zahnbeine.

Fig. 93. Knollige Schwellungen der verdickten Dentinzellenfortsätze aus einem knorpelartigen Zahnbeine.

Fig. 94. Querdurchschnittene, von Blutfarbestoff geröthete Zahnbeinkanälchen eines rosenrothen Zahnbeines.

Fig. 95. Verfettung der Dentinzellenfortsätze in einem fahlgelben Zahnbeine.

Fig. 96. Von Kanälen und Hohlräumen durchsetztes Zahnbein.

Fig. 97. Einerseits in Resorption begriffenes, andererseits von Hohlgängen und Neubildungen durchsetztes Zahnbein.

Fig. 98. Anastomosirende Gefässkanäle im Zahnbeine einer car. Wurzel.

Tafel XI.

Fig. 99. Erworbener Defect des Schmelzes und Zahnbeines am Halse eines Schneidezahnes

Fig. 100. Kappenförmige Cementhypertrophie eines Backenzahnes.

Fig. 101. Kappenförmige Cementhypertrophie eines Weisheitszahnes.

Fig. 102. Querschnitt durch die drei mit Cement verbundenen Wurzeln eines oberen Mahlzahnes.

Fig. 103. Einseitige Cementhypertrophie an drei Wurzelspitzen.

Fig. 104. Cementhypertrophie mit verkalkten zahlreichen Kanälen im Zahnbeine

Fig. 105. Verkalkte Hohlgänge und Hohlräume von dem hypertrophischen Cement in das Zahnbein hineinragend.

Fig. 106. Hochgradige, concentrische Cementhypertrophie an den Wurzelspitzen eines unteren Mahlzahnes.

Tafel XII.

Fig 107. Beschränkte Cementhypertrophie (Exostose) der Wurzel.

Fig. 108. Warzenähnliche Cementwucherung.

Fig. 109. Eine den Wurzelkanal theilweise umgebende Knochenschicht.

Fig 110. Lappig begrenzte Wucherungen von junger Knochensubstanz in dem peripheren Bezirke des Zahnbeines eines Milchzahnes.

Fig 111. Längenschnitt durch die usurirte Wurzelspitze eines Milchzahnes.

Fig. 112. In Resorption begriffenes Cement von einem Milchzahne.

Fig. 113. Resorption des Cementes von der Wurzel eines senilen Zahnes.

Fig. 114. Beginnende Cement- und Zahnbeinresorption bei Sklerose der Wurzelhaut

Tafel XIII.

Fig. 115. Segment eines vom Abscess usurirten Zahnbeines.

Fig 116 Usur des hypertrophischen Cementes eines stark abgeriebenen Zahnes.

Fig 117. Durchschnitt des Zahnfleisches mit dem Uebergange in die Narbe.

Plate IX.

Fig. 82. Membrane of the enamel with droplike colloid superpositions.

Fig. 83. A part of the membrane of the enamel with netlike clefts.

Fig. 84. Transverse and obliquely situated enamel prisms of the same enamel-membrane.

Fig. 85. Pigment in the enamel-prisms in the first stage of caries.

Fig 86. Enamel in partial decay in nascent chronic caries

Fig 87. Section through the crown of a bicuspid being in the first stage of caries.

Fig 88. Section through the crown of a bicuspid in the beginning of the second stage of caries.

Fig. 89. Chronic caries on the masticatory and anterior tangential surface of a molar.

Fig. 90. Caries in the beginning of the second stage.

Fig. 91. Diaphanous spots and stripes often occurring in the dentine in consequence of chronic caries.

Plate X.

Fig. 92. Thickening of the processes of the dentinal cells in dentine having assumed a cartilagineous appearance.

Fig. 93. Knolly tumefactions of the thickened processes of dentinal cells from a cartilagineous dentine.

Fig. 94. Dentinal tubes, cut across, reddened by the colouring matter of blood from a tooth with a rosy appearance.

Fig. 95. Fatty degeneration of the processes of the dentinal cells.

Fig. 96. Dentine permeated by canals and holes

Fig 97. Dentine partly being in absorption, partly permeated by canals and studded with new-formations.

Fig 98 Anastomosing canals for vessels in the dentine of a carious root.

Plate XI.

Fig. 99. Sharp edged, acquired defect of the enamel and dentine on the neck of an incisor.

Fig. 100. Hypertrophy of cementum of a carious bicuspid.

Fig. 101. Hypertrophy of cementum covering the roots like a cap.

Fig. 102. Transverse section through the ends of the three roots of a molar fastened by a considerable layer of cementum.

Fig. 103. Unilateral hypertrophy of cementum on three transversely cut ends of the roots.

Fig. 104. Hypertrophy of cementum with many calcified canals in the dentine.

Fig. 105. Calcified canals and holes entering from the hypertrophic cementum into the dentine.

Fig. 106. Highly developed concentric hypertrophy of cementum.

Plate XII.

Fig. 107. Hypertrophy of the cementum restricted to one region of the root (Exostosis.

Fig. 108. Warty excrescence of cementum.

Fig 109. An osseous layer partly covering the canal of the root.

Fig. 110. Lobate prolifications of young osseous substance in the peripheric district of dentine of a temporary tooth.

Fig. 111 Section through the root of a temporary molar having usura on its end.

Fig. 112. Cementum in the course of absorption from a temporary tooth.

Fig. 113 Absorption of the cementum from the root of a senile tooth.

Fig 114. Inchoating absorption of cementum and dentine combined with sclerosis of the periosteum of the root.

Plate XIII.

Fig. 115. Segment of a dentine being in absorption by an abscess in the periosteum.

Fig. 116. Absorption of hypertrophic cementum from a bicuspid much worn out.

Fig 117. Section of the gum with the transition into the scar.

Fig. 118. Papillöse Wucherungen am Zahnfleische.
Fig 119. Schnitt durch die papillösen Wucherungen des Zahnfleisches.
Fig. 120. Partie aus der Basis eines Zahnfleischpapilloms.
Fig. 121. Kalkablagerungen in einer sclerosirten Wurzelhaut.

Tafel XIV.

Fig. 122. Stark vascularisirte verdickte Wurzelhaut.
Fig. 123. Partien aus einer entzündeten Wurzelhaut
Fig. 124. Abcesshöhle an der Wurzelspitze des mittleren oberen Schneide-zahnes.
Fig. 125. Abcesshöhle am Gaumenfortsatze der rechten Oberkiefers.
Fig. 126. Ausgedehnte Höhle von einem Abscess, welcher den Boden der Nasenhöhle und den betreffenden Theil des Alveolar- und Gaumenfortsatzes durchbrochen hatte.
Fig. 127. Abcesshöhle am Alveolus des rechten hinteren Backenzahnes.
Fig. 128. Aussenseite eines Zahnsteines von bedeutendem Umfange. ,
Fig. 129. Weisser poröser Zahnstein.
Fig. 130. Durchschnittsfläche eines schmutzig braunen Zahnsteines.

Tafel XV.

Fig. 131. Segment eines Alveolartheiles mit unvollkommen vernarbten Zahnzellen.
Fig. 132. Obere Ansicht einer in Vernarbung begriffenen macerirten Zahnzelle.
Fig. 133. Knocheneyste im Oberkiefer.
Fig. 134. Plattes Epithel dieser Knochencyste.
Fig. 135. Oberflächlicher Querschnitt einer Epulis.
Fig. 136. Partie aus dem Parenchym derselben Epulis.
Fig. 137. Phosphornekrose des Unterkiefers.
Fig. 138. Knollige Exostosen an der inneren Fläche eines Unterkiefers.
Fig. 139. Abcesshöhle in der tuberositas maxillaris eines senilen Ober-kiefers.

Tafel XVI.

Fig. 140. Aus einem weichen Enchondrom des Unterkiefers.
Fig 141. Aus einem bösartigen Cystomyxoma des Unterkiefers.
Fig. 142. Cystosarcoma des Unterkiefers.
Fig. 143. Ansicht desselben Cystosarkoms nach Wegnahme der Gesichts-wand.
Fig. 144. Unterkiefer eines etwa 1½ jährigen rachitischen Individuums.
Fig. 145. Partie aus demselben rachitischen Unterkiefer.

Fig. 118. Papillary prolifications on the gum of the upper-jaw.
Fig. 119. Section through the papillary prolifications of the gum.
Fig. 120. A part out of the base of a papilloma of the gum.
Fig. 121. Deposits of lime in a thickened periosteum of the root.

Plate XIV.

Fig. 122. Thickened and highly vascularised periosteum of the root.
Fig. 123. Parts of an inflamed periosteum of the root.
Fig. 124. Excavation produced by an abscess on the end of the root of the left incisor.
Fig. 125. Excavation by an abscess on the processus palatinus.
Fig. 126. Large excavation by an abscess having eroded the bottom of the nasal-cavity, the concerning part of the alveolar and palatal process.
Fig. 127. Excavation by an abscess on the alveolus of the right posterior bicuspid.
Fig. 128. Facial side of a tartar of considerable circumference.
Fig. 129. White porous tartar.
Fig. 130. Polished surface of a section of gray-brownish tartar.

Plate XV.

Fig. 131. Segment of the alveolar process with imperfectly cicatrised alveoli from the left upper-jaw.
Fig. 132. View from above of a macerated alveolus being in cicatrisation from the under-jaw.
Fig. 133. Cyst in the bone of the upper-jaw.
Fig. 134. Epithelium covering the internal surface of that cyst.
Fig. 135. Transverse section taken superficially from an epulis.
Fig. 136. A part out of the parenchyma of the same epulis.
Fig. 137. Necrosis of the under-jaw produced by phosphor.
Fig. 138. Tuberous exostoses on the lingual surface of an under-jaw.
Fig. 139. Excavation produced by an abscess in the tuberositas maxillaris.

Plate XVI.

Fig. 140. Out of a soft enchondroma of the under-jaw.
Fig 141. Out of a malignous cystomyxoma of the under-jaw.
Fig. 142. Cystosarcoma of the under-jaw.
Fig. 143. View of the same cystosarcoma after having removed the facial wall of the jaw.
Fig. 144. Under-jaw of a rachitic individual of an age of about a year and a half.
Fig. 145. A part out of the same rachitic under-jaw.

Alphabetisches Register.

Abscesshöhle an dem Alveolus eines Schneidezahnes. Fig. 124.
Abscesshöhle an dem Gaumenfortsatze Fig 125.
Abscesshöhle mit Usur des Alveolar-Gaumenfortsatzes und des Bodens der Nasenhöhle. Fig. 126.
Abscesshöhle am Alveolus eines Backenzahnes. Fig. 127.
Abscesshöhle an der tuberositas maxillaris des Oberkiefers. Fig. 139.
Atrophie, netzförmige der Pulpe; Segment. Fig. 40
Atrophie, netzförmige der Pulpe; verödende Gefässe (?). Fig 41.
Atrophie, netzförmige der Pulpe; Seitenansicht. Fig. 42.
Atrophie, netzförmige der Pulpe; verödetes Blutgefäss. Fig. 43.
Atrophie, netzförmige der Pulpe; oberflächliche Partie. Fig. 44.
Atrophie, netzförmige der Pulpe; Blutgefässe variköe ausgedehnt. Fig. 45.
Atrophie, netzförmige der Pulpe; Kalkablagerungen. Fig 46.
Atrophische Nerven der Pulpawurzel. Fig. 47.

Blutfarbestoff im Zahnbeine. Fig. 94.
Bruch, geheilter an der Wurzel eines Backenzahnes. Fig. 73, 74, 75.
Bruch, geheilter mit Osteodentinbildung am Schneidezahne einer Antilope. Fig. 76, 77, 78.

Caries; Schmelzprismen zunächst derselben. Fig 84.
Caries, beginnende; Schmelzprismen pigmentirt. Fig. 85.
Caries, chronische mit theilweiser Zerstörung des Schmelzes. Fig 86.
Caries im ersten Stadium. Fig. 87.
Caries im Beginne des zweiten Stadiums. Fig 88.
Caries, chronische an der Kau- und vorderen Berührungsfläche eines Mahlzahnes. Fig. 89.
Caries im Beginne des zweiten Stadiums von einem gerieften Zahne Fig 90.
Caries, chronische; diaphane Flecken und Streifen im Zahnbeine. Fig. 91.
Caries, Verdickung der Dentinzellenfortsätze im knorpelartig gewordenen Zahnbeine. Fig 92.
Caries, knotige Schwellungen der verdickten Dentinzellenfortsätze aus einem knorpelähnlichen Zahnbeine. Fig. 93.
Colloidähnliche Auflagerungen im Schmelzhäutchen. Fig. 82.
Cyste im Oberkieferknochen. Fig. 133
Cystenauskleidung Fig 134.
Cystomyxoma, bösartiges, des Unterkiefers. Fig. 141.
Cystosarcoma des Unterkiefers. Fig. 142 u. 143

Defect, erworbener im Schmelz und Zahnbein am Zahnhalse. Fig 99.

Einschiebung der Krone des bleibenden Backenzahnes zwischen die Wurzeln des Milchbackenzahnes. Fig. 15.
Enchondrom des Unterkiefers. Fig. 140
Entzündung und theilweise Vereiterung der Pulpe. Fig 80.
Entzündung, chronische, der Wurzelhaut. Fig 122
Entzündung der Wurzelhaut. Fig 123
Epulis. Fig 135 u 136.
Exostosen am Unterkieferbogen. Fig. 138.

Geriefter Eckzahn. Fig 16

Hypertrophie von Cement, kappenförmige. Fig. 100.
Hypertrophie von Cement mit verschmolzenen Wurzeln. Fig. 101.
Hypertrophie von Cement, Querschnitt durch drei miteinander verschmolzene Wurzeln. Fig. 102.
Hypertrophie von Cement, einseitige an drei Wurzelspitzen. Fig. 103
Hypertrophie von Cement mit Kanälen im Zahnbeine Fig. 104.
Hypertrophie von Cement, hochgradige, concentrische Fig. 106.
Hypertrophie von Cement, beschränkte. Fig. 107.
Hypertrophie von Cement, warzenähnliche. Fig 108.

Kalkconcremente aus der Pulpawurzel. Fig. 48.
Kalkig incrustirte Blutgefässe aus einer Pulpe. Fig. 49.
Kalkablagerungen in den Wurzelkanälen. Fig. 51.
Kalkablagerung, netzförmige aus der Pulpawurzel. Fig. 52.
Kalkincrustationen in einem Wurzelkanale. Fig. 53.
Kalkablagerungen in der Wurzelhaut. Fig. 121.
Kanäle und Hohlräume im Zahnbeine Fig 96.
Kanäle, Hohlräume und Neubildungen im Zahnbeine. Fig. 97.
Kanäle, anastomosirende, im Zahnbeine einer cariösen Wurzel. Fig. 98.
Kanäle und Hohlräume verkalkt im Zahnbeine. Fig. 105.
Knickungen eines Eck- und Backenzahnes. Fig. 7.
Knochenschichte im Wurzelkanale. Fig. 109
Krümmung, hakenförmige der Wurzeln eines Weisheitzahnes. Fig. 10.
Krümmung und Knickung der Wurzeln eines Weisheitzahnes. Fig. 14.

Missbildung eines Milchschneidezahnes. Fig. 2 u. 3.
Missgebildeter Backenzahn (?) mit drei fingerförmigen Lappen an der Krone. Fig. 8.
Missbildung, monströse eines oberen Mahlzahnes. Fig. 9

Alphabetical Register.

Abscess on the alveolus of an incisor. Fig. 124
Abscess on the processus palatinus. Fig. 125.
Abscess having eroded the bottom of the nasal-cavity, the alveolar and palatal process. Fig. 126.
Abscess on the alveolus of a bicuspid Fig. 127.
Abscess in the tuberositas maxillaris of the upper-jaw. Fig 139.
Absorption of cementum and dentine of a temporary molar. Fig. 111.
Absorption of cementum of a temporary molar. Fig. 112.
Absorption of cementum of a senile tooth Fig. 113.
Absorption of cementum and dentine, beginning. Fig 114.
Absorption of dentine with abscess in the periosteum of the root. Fig. 115.
Absorption of hypertrophic cementum Fig. 116.
Atrophic pulp, netlike, segment. Fig 40.
Atrophic pulp, netlike, collapsed degenerated blood-vessels (?). Fig. 41.
Atrophic pulp, netlike, lateral view. Fig 42.
Atrophic pulp, netlike, wasted blood-vessel. Fig. 43.
Atrophic pulp, netlike, superficial part. Fig 44.
Atrophic pulp, netlike, blood-vessels with varicous dilatations. Fig 45.
Atrophic pulp, netlike, with deposits of lime. Fig. 46.
Atrophic bundles of nervous tubes Fig 47.

Blood, colouring matter of, in the dentine with a rosy appearance Fig. 94

Canals and holes in the dentine. Fig. 96.
Canals, holes and new-formations in the dentine Fig. 97
Canals, anastomosing vessels in the dentine. Fig. 98.
Canals and holes calcified in the dentine. Fig. 105.
Caries, from a neighbouring part of enamel-prisms after influence of muriatic acid. Fig. 84.
Caries, beginning with coloured enamel-prisms. Fig. 85.
Caries, chronic, with enamel partly in destruction Fig 86.
Caries in the first stage. Fig 87.
Caries in the beginning of the second stage. Fig. 88.
Caries, chronic, on the masticatory and anterior tangential surface. Fig. 89
Caries in the beginning of the second stage of a transversely channelled molar. Fig. 90.
Caries, chronic, diaphanous spots and stripes in the dentine. Fig 91.
Caries, thickening of the processes of the dentinal cells in dentine of a cartilagineous appearance. Fig. 92.
Caries, knotty tumefactions of the thickened processes of dentinal cells from a dentine with cartilagineous appearance. Fig. 93.
Cicatrisation of the gum. Fig. 117
Cicatrisation, imperfect, of alveoli. Fig. 131.
Cicatrisation of an alveolus Fig 132.
Clefts, netlike in the enamel-membrane. Fig. 83.
Colloidlike superpositions in the membrane of the enamel. Fig. 82.
Cyst in the bone of the upper-jaw. Fig. 133
Cyst with covering epithelium. Fig. 134
Cystomyxoma malignant of the under-jaw. Fig. 141
Cystosarcoma of the under-jaw Fig. 142 and 143.

Defect, acquired, of the enamel and dentine. Fig. 99.
Deviation, graduated, of the root of a canine and bicuspid. Fig. 7.
Dislocation, horizontal, of an incisor in the upper-jaw Fig. 2 and 3.

Elongation of the roots of a molar. Fig. 5.
Elongation of the roots of a bicuspid. Fig. 6.
Embracing the crown of the permanent bicuspid by the roots of the temporary molar-tooth. Fig 15.
Enchondroma of the under-jaw Fig. 140.
Epulis. Fig. 135 and 136.
Exostoses of the under-jaw. Fig. 138.

Fatty degeneration, chronic, of the pulp. Fig. 81
Fatty degeneration of the processes of the dentinal cells in senile dentine. Fig. 95.
Flawed and blended roots of a wisdom-tooth. Fig. 10.
Flawed and falcated roots of a wisdom-tooth. Fig. 14.
Formation, disordered, of a temporary incisor. Fig. 2 and 3.
Formation, disordered, of a bicuspid (?) with three fingerlike lobules on the crown. Fig. 8.
Formation, disordered, of a fang with transverse furrows Fig. 16
Formation, disordered, of double wisdom-tooth. Fig 20.
Formation, disordered, of an incisor with an excavation between two roots Fig. 27.
Formation, disordered, dwarfish of a molar. Fig. 30, 31 and 32
Formation, disordered, of a wisdom-tooth with a piece of dentine grown into. Fig 33.
Formation, disordered, of a crown of a molar with impressions of a molar-tooth of the lower-jaw Fig 34, 35, 36, 37 and 38.

Missbildung eines Weisheitszahnes. Fig. 20.
Missbildung eines Schneidezahnes mit einer Aushöhlung zwischen zwei Wurzeln. Fig. 27.
Missbildung, zwerghafte eines Mahlzahnes. Fig. 30, 31 u. 32.
Missbildung eines Weisheitszahnes mit einem wie eingeschobenen Zahnbeinstück. Fig. 33.
Missbildung der Krone eines Mahlzahnes mit Eindrücken an der Krone eines unteren Mahlzahnes. Fig. 34, 35, 36, 37 u 38
Missbildung der Krone eines Mahlzahnes, Vasodentinschicht. Fig. 39.

Neubildung von Dentin, warzige, mit einem Stiele. Fig. 54.
Neubildung von Dentin, die Pulpahöhle nahezu ausfüllend Fig. 55.
Neubildung von Dentin, in einer atrophischen Pulpe. Fig. 56
Neubildung von Dentin, einfache, encystirt. Fig. 57.
Neubildung von Dentin, dreieckige mit exquisit concentrischer Schichtung. Fig. 58.
Neubildung von Dentin mit blutführendem Kanal Fig 59.
Neubildung von Dentin, an dem querdurchschnittenen Zahnhalse haftend. Fig. 60
Neubildung von Dentin, mit dem Zahnbeine innig verschmolzen. Fig. 61.
Neubildung von Dentin mit Vertheilung der Zahnbeinkanälchen im Querschnitte. Fig. 62.
Neubildungen von Dentin, zahlreiche, in verschmolzenen Wurzeln. Fig. 63.
Neubildung von Dentin mit Hohlräumen im Querschnitte. Fig. 64.
Neubildung von Dentin mit Zahnbeinkanälchen in ihren feineren Verzweigungen. Fig. 65.
Neubildung von Dentin, multiple, in das Zahnbein eingeschoben. Fig 66.
Neubildung von Dentin, multiple, mit Pulparesten. Fig. 68.
Neubildung, harte, der Pulpahöhle mit allen drei Zahnsubstanzen. Fig. 69.
Neubildung von Dentin, entsprechend der cariösen Stelle der Wand des Wurzelkanales. Fig. 70.
Neubildung von Dentin mit dem Zahnbeine verschmolzen, entsprechend der cariösen Stelle. Fig. 71.
Neubildung von Dentin mit dem cariösen Zahnbeine. Fig. 72.

Osteodentin in der Pulpe. Fig. 67
Osteoodontoma, einem Weisheitszahne aufsitzend. Fig 28 u. 29.

Papillome des Zahnfleisches Fig. 118, 119 u. 120.
Phosphornekrose des Unterkiefers Fig. 137

Rachitischer Unterkiefer. Fig 144 u. 145.
Resorption an einem Milchzahne mit in das Zahnbein wuchernder Knochensubstanz. Fig. 110.
Resorption von Cement und Zahnbein an einem Milchzahne. Fig. 111.
Resorption des Cementes eines Michzahnes. Fig. 112.
Resorption des Cementes eines senilen Zahnes Fig. 113.
Resorption von Cement und Zahnbein im Beginn. Fig. 114.
Resorption des Zahnbeines mit Abscess der Wurzelhaut. Fig. 115.
Resorption eines hypertrophischen Cementes. Fig. 116.

Sarcom der Pulpe (Polyp) Fig 79.
Schmelztropfen eines Mahlzahnes. Fig. 23.
Schmelztropfen, Durchschnitt. Fig. 24.
Schmelztropfen, grosser, mit Emailleisten am Zahnhalse Fig. 25.

Thrombose in Blutgefässen der Pulpe. Fig. 30

Ueberzählige Zähne. Fig. 1.

Verdickung und Vascularisation der Wurzelhaut. Fig. 122.
Verfettung, chronische, der Pulpe. Fig. 81.
Verfettung der Dentinzellenfortsätze im senilen Zahnbeine. Fig. 95.
Verhinderung des Durchbruches der Eckzähne. Fig. 4.
Verkalkte Hohlgänge und Hohlräume im Zahnbeine. Fig. 105.
Verlängerung der Wurzeln eines Mahlzahns. Fig. 5
Verlängerung der Wurzeln eines Backenzahnes. Fig. 6.
Vermehrung der Wurzeln (fünf) eines Mahlzahnes. Fig. 11.
Vernarbung des Zahnfleisches. Fig. 117.
Vernarbung der Zahnzelle. Fig. 132.
Vernarbung, unvollkommene, der Zahnzellen. Fig. 131.
Verschmelzung eines mittleren und seitlichen Schneidezahnes. Fig. 17.
Verschmelzung zweier Backenzähne Fig. 21.
Verschmelzung eines Schneide- und Eckzahnes. Fig. 22.
Verschmelzung des Weisheits- und überzähligen Zahnes (?) nebst einem Schmelztropfen. Fig. 26.
Verschmelzung der Wurzeln eines oberen Mahlzahnes. Fig. 12.
Verschmelzung der sehr langen Wurzeln eines Mahlzahnes. Fig. 13.
Verschmelzung der Wurzeln eines Mahl- u. Weisheitszahnes. Fig. 18 u. 19.
Verstellung, horizontale, eines im Oberkiefer eingebetteten Schneidezahns. Fig. 2 u. 3.

Zahnstein von bedeutendem Umfange. Fig. 128
Zahnstein, weisser, poröser Fig. 129.
Zahnstein, graubraun. Fig. 130.
Zerklüftung, netzförmige, des Schmelzhäutchens Fig. 83.

Formation, disordered, of a molar; layer of vasodentine. Fig. 39.
Fracture, healed up, of the root of a bicuspid Fig 73, 74 and 75.
Fracture, healed up, with new-formation of osteodentine on the incisor of an Antelope Fig. 76, 77 and 78.

Hypertrophy of cementum in the shape of a cap. Fig. 100.
Hypertrophy of cementum like a cap with blended roots. Fig. 101.
Hypertrophy of cementum; transverse section through the three roots fastened together. Fig. 102.
Hypertrophy of the cementum, unilateral on three transversely cut ends of roots. Fig. 103.
Hypertrophy of cementum with canals in the dentine. Fig. 104.
Hypertrophy of cementum, concentric, highly developed. Fig. 106.
Hypertrophy of cementum, restricted to one region. Fig. 107.
Hypertrophy of cementum; warty excrescence. Fig. 108.

Inflamed and suppurating pulp. Fig. 80
Inflammation, chronic, of the periosteum of the root (thickened and vascularised). Fig. 122.
Inflammation of the periosteum of the root. Fig. 123.

Lime, deposits of, in the pulp. Fig. 46.
Lime, deposits of, between the bundles of nerves Fig. 47.
Lime, concraments of, in the connective tissue out of the rooty part of the pulp. Fig. 48.
Lime, incrustations with, of blood-vessels from a pulp. Fig 49.
Lime, deposits of, in the canals of the roots. Fig 53
Lime, deposits of, in the periosteum of the root. Fig. 121.

Monstrous molar of the upper-jaw Fig. 9.

New-formation of dentine, wartlike with a small pedicle. Fig. 54.
New-formation of dentine, nearly filling up the pulp-cavity. Fig. 55.
New-formations of dentine in an atrophic pulp. Fig. 56.
New-formation of dentine, encysted. Fig. 57.
New-formation of dentine with many concentric layers. Fig 58.
New-formation in the dentine with a canal carrying blood. Fig. 59.
New-formation of dentine on a transverse section of the neck of a molar. Fig 60.
New-formation of dentine melted into the original dentine. Fig. 61.
New-formation of dentine with the dentinal tubes distributed in transverse section. Fig 62
New-formations of dentine, numerous in the canals of the roots. Fig. 63.
New-formations of dentine in transverse section with holes Fig. 64.
New-formation of dentine with the dentinal tubes in their dichotomies. Fig. 65.
New-formation of dentine, multiple, intruded into the dentine. Fig. 66.
New-formation of dentine, multiple, with rests of the pulp Fig. 68.
New-formation, hard one, in the pulp cavity with the three substances. Fig 69.
New-formation of dentine attached to the wall of the canal of the root corresponding to the carious place. Fig. 70
New-formation of dentine united with the original dentine corresponding to the carious part. Fig. 71
New-formation of dentine with the carious dentine. Fig. 72.
Nodule of enamel of a molar. Fig. 23.
Nodule of enamel; section. Fig. 24.
Nodule of enamel with a border of enamel to the crown Fig 25.

Osteodentine in the pulp. Fig 67.
Osseous layer covering the canal of the root Fig. 109.
Osseous substance proliferating into the dentine of a temporary molar in absorption. Fig. 110.
Osteoodontoma of a wisdom-tooth. Fig. 28 and 29.

Papillomata of the gum. Fig. 118, 119 and 120.
Phosphornecrosis of the under-jaw. Fig. 137.
Rachitic under-jaw. Fig. 144 and 145.
Retention of two canines of the lower-jaw not having appeared through the gums. Fig. 4.

Sarcomatous pulp Fig. 79.
Supernumerary roots of a molar Fig 11.
Supernumerary teeth. Fig. 1.

Tartar of considerable circumference. Fig 128.
Tartar, white, porous. Fig. 129
Tartar, gray-brownish. Fig. 130.
Thrombosis in blood vessels of a pulp Fig 50.

Union of the central and lateral incisor. Fig. 17.
Union of two bicuspids. Fig. 21.
Union of an incisor and fang. Fig. 22.
Union of a wisdom- and supernumerary tooth (?) with a nodule of enamel. Fig. 26
Union, complete, of the roots of a molar. Fig. 12.
Union of very long roots of a molar. Fig 13.
Union of the roots of a molar and wisdom-tooth. Fig. 18 and 19.

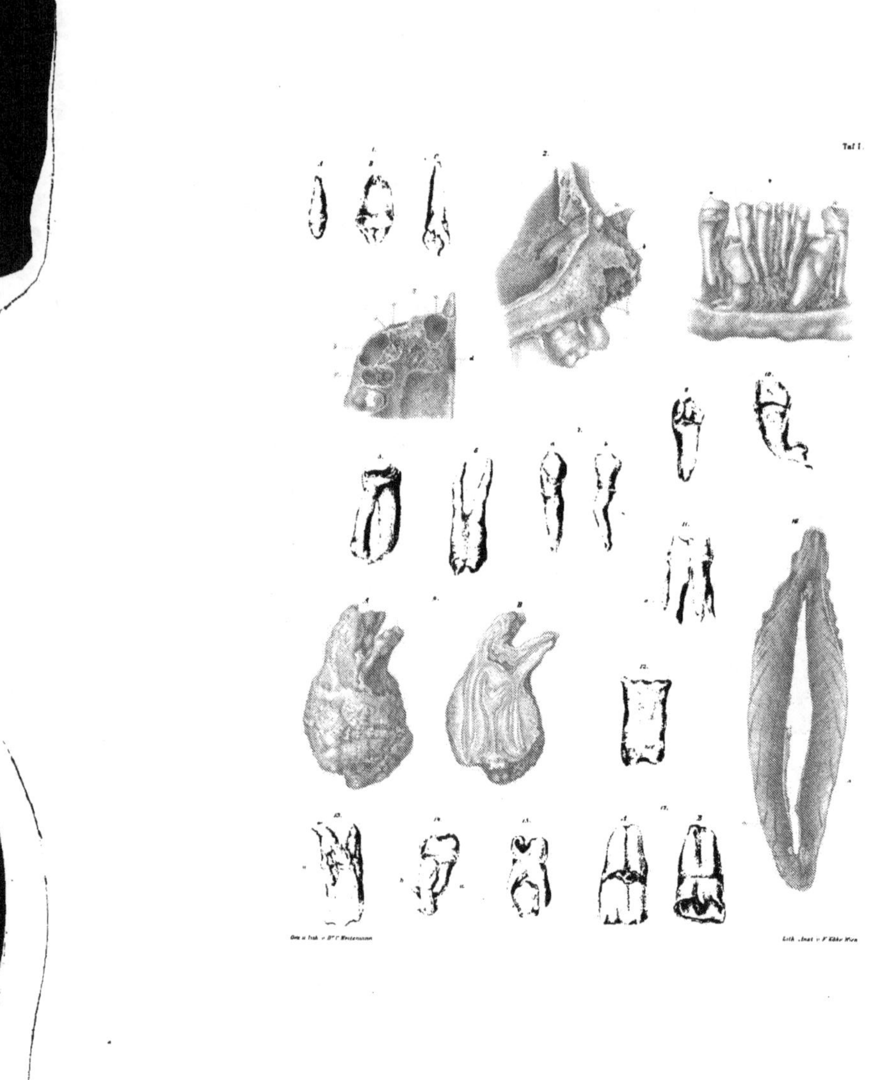

Gez. u. lith. v. Dr. C. Weidenmann

Lith. Anst. v. F. Köhler Wien

Tafel I.

Fig. 1. *A.* Ueberzähliger Zahn (Zapfenzahn) aus dem rechten Oberkiefer eines etwa 30jähr. Mannes; er war zwischen dem 1. und 2. Backenzahn gegen den Gaumen zu eingepflanzt. Wurzel und Krone sind konisch geformt, sowohl am Schmelze als auch an der Wurzel Andeutungen ringförmiger Absätze; der Wurzelkanal ist an der Spitze noch weit geöffnet. *B.* Ueberzähliger Zahn (Zapfenzahn) aus dem Oberkiefer; er war im Gaumen hinter den Schneidezähnen eingepflanzt; er ist dick und plump geformt, die Wurzel walzenformig, die Krone konisch zugeschmälert, an ihrem Uebergange zum Zahnhals mit einem ringformigen breiten Wulst versehen. *C.* Ueberzähliger Zahn, der seiner Gestalt nach dem vorigen entgegengesetzt sich verhält. Krone und Wurzel sind schlank gebauet, beide deutlich dreiflächig, so dass jede für sich eine dreiseitige Pyramide bildet; es correspondiren jedoch die Flächen der Krone mit den Kanten der Wurzel. Nat. Grösse.

Fig. 2. (Fall von Hrn. Prof. LANGER zur Untersuchung überlassen.) Seitenansicht eines horizontal gelagerten, im Oberkiefer eingebetteten rechten seitlichen Schneidezahnes. An der Gesichtsfläche des Kiefers, seitlich von der *apertura pyriformis*, ragt die Schneide des genannten Zahnes durch eine ovale glatrandige Oeffnung hervor (*a*) Nach Eröffnung der Kieferhohle von der Gesichtsfläche aus wurde man einen Längswulst gewahr, welcher weggestemmt sich als die knöcherne Zahnkapsel erwies. Der vollkommen ausgebildete Zahn liegt somit in dem Winkel, welchen der Boden der Kieferhöhle mit dem Nasenfortsatz des Oberkiefers bildet. Unterhalb der hervorragenden Krone (*a*) befindet sich nahezu am Rande des Zahnzellenfortsatzes eine analoge scharfrandige runde Oeffnung (*b*), aus welcher ein etwa erbsengrosser gelblicher, rauher, compakter Körper hervorragt. Derselbe liegt schwach beweglich in einer glattwandigen Knochenkapsel eingeschlossen. Die Zellen der am skeletirten Schädel herausgefallenen Zähne sind bei *c* sichtbar. Abgesprengte Partien des erwähnten Körpers lassen stellenweise vollkommen entwickeltes Zahnbein mit strahligen Zahnbeinkanälchen gewahr werden, an deren peripheren Bezirken eine schmutzig braune, resistente Masse aufsitzt; letztere dürfte einer schwachen Schmelzlage entsprechen. Anderseits kommen mit Kalksalzen erfüllte unregelmässige Hohlgänge und Gruppen von Globularmassen zum Vorschein. Es ist somit der benannte Körper eine Bildungsanomalie eines Zahnes, möglicherweise des seitlichen Milchschneidezahnes, wofür der Umstand spricht, dass er gerade über jener Stelle liegt, welche der Milchschneidezahn einnehmen sollte, und dass der bleibende seitliche Schneidezahn dislocirt sich vorfindet. Nat. Gr.

Fig. 3. Ansicht der Gaumenfläche desselben Präparates. Zwischen der Zelle des Schneidezahnes (*a*) und jener des Augenzahnes (*b*) sieht man eine durch knöcherne Scheidewände von diesen Zellen getrennte, schief gestellte Oeffnung (*c*), welche der in der vorhergehenden Figur (bei *b*) abgebildeten entspricht. Oberhalb der theilweise weggestemmten Wand des Gaumentheiles der Zahnzelle wird man des gelblichen rauhen Körpers ansichtig (*d*), dessen der Gesichtswand zugekehrte Fläche in der vorhergehenden Figur (eben bei *b*) abgebildet wurde. Nach innen der Zelle des Augenzahnes (*b*)

Plate I.

Fig. 1. *A.* Supernumerary tooth out of the right upper jaw of a man about 30 years of age; it occupied the place between the first and second bicuspid towards the palate. Crown and root are of a conical shape and show ringstreaked projections as well on the enamel as on the root; the external extremity of the dental canal is still wide open. *B.* Supernumerary tooth out of the upper jaw; it was implanted in the palate behind the incisors; it is of a thick and blunt appearance, its root cylindrical, its crown of a conical slender shape with a ringlike large roll on its transition to the neck of the tooth. *C.* Supernumerary tooth in its form quite contrary to the former. Crown and root are of a slender shape, both of them with three distinct plains, so that each of them looks like a trilateral pyramid; yet the plains of the crown correspond with the edges of the root. Nat. size.

Fig. 2. (We are indebted to Prof. LANGER for the use of this specimen.) Right lateral incisor in a horizontal position implanted in the upper jaw viewed from the side. The edge of that tooth stands out of an oval smooth-brimmed opening on the frontal surface of the jaw on the side of the *apertura pyriformis* (*a*). After having opened the cavity of the jaw from the frontal surface a longitudinal roll was to be seen, which when broken up was proved as the bony capsule of the tooth. The fully grown incisor, therefore, is lying in the angle, which is formed by the bottom of the jaw-cavity with the processus nasalis of the upper jaw. Below the projecting crown (*a*) an analogous sharp-edged round opening (*b*) is to be seen near to the edge of the processus alveolaris; a body about of the size of a pea, yellowish, rough, and compact, looks out of that opening. The body is somewhat moveable and inclosed in a smooth walled bony capsule. The alveoli destitute of their teeth fallen out by maceration are visible at *c*. Particles sprung from that mentioned body show in some spots perfectly developed dentine with radiating canaliculi, on the peripheries of which a brownish resistant mass is deposited; the latter corresponds probably to a small irregular layer of enamel. On the other side irregular canals and holes appear filled up with amorphous salts of lime and groups of dentinal globules. The mentioned body, therefore, is an anomalous conformation of a tooth, possibly of the lateral temporary incisor, for which opinion it may be alleged, that its position is just over the place which should be taken by the temporary incisor and that the permanent lateral incisor is dislocated. Nat. size.

Fig. 3. Palatal view of the same specimen. Between the socket of the incisor (*a*) and that of the canine (*b*) an obliquely situated opening (*c*) (corresponding to that in the preceding figure near *b*) is to be seen separated from these sockets by bony dissepimenta. Over the partially amoved palatal part of the alveolus the yellowish rough body (*d*) is visible (the frontal surface of which is marked in the preceding figure near *b*). Inwards to the socket of the canine (*b*) and forwards to the socket of the first bicuspid (*f*) the alveolus of the temporary canine just in transformation is to be

und nach vorwärts der Zelle des ersten Backenzahnes (*f*) liegt die in der Umwandlung begriffene Zelle (*e*) des Milchaugenzahnes, dessen Wurzel bis zum Zahnhalse resorbirt war. Diese Zelle zeigt eine kreisförmige Rinne, in deren Mittelpunkt ein konischer Knochenzapfen sich befindet, welcher in die Pulpahöhle des Milchzahnes hineingewachsen war. Nat. Gr.

Fig 4. Vorderes Segment des Unterkieferbogens mit den noch nicht zum Durchbruche gekommenen Eckzähnen eines im vorgerückten Alter gestandenen Individuums nach Entfernung der vorderen Alveolarwände. Die Kronen der Schneidezähne sind schon bis auf ein Drittheil ihrer vormaligen Höhe abgenützt; die beiden seitlichen Schneidezähne neigen sich gegen die ihnen entsprechenden Backenzähne (*a, a*). Der den Eckzähnen entsprechende Raum ist leer; diese selbst zeigen sich an Krone und Wurzel vollkommen entwickelt. Die Krone des rechten Eckzahnes ist mit ihrer gewölbten äusseren oder Gesichtsfläche gegen die Wurzel des seitlichen Schneidezahnes gewendet, und die zweispitzige Wurzel des ersteren im unteren Drittheile rechtwinkelig gebogen, so dass deren Spitze unterhalb jener des ersten rechten Backenzahnes zu liegen kommt. Die Längenaxe des linken Eckzahnes ist schief gegen den ersten Backenzahn geneigt und die Wurzelspitze des ersteren rechtwinkelig nach hinten gekrümmt, so dass sie an der inneren oder Mundwand des Kiefers neben der *spina mentalis interna* eine kleine Protuberanz erzeugt. Nat. Gr.

Fig. 5. Rechter unterer Mahlzahn, dessen Krone bis nahe an den Hals durch Caries zerstört ist, mit sehr langen, etwas divergirenden Wurzeln, deren Spitzen derart gegen einander geneigt sind, dass die Spitze der hinteren Wurzel die hakenförmige Spitze der vorderen Wurzel umgreift, ohne dass jedoch, ohnerachtet sie sich berühren, eine Verschmelzung eingetreten wäre. Gegen die Wurzelspitzen hin macht sich eine Cementhypertrophie bemerkbar. Nat. Gr.

Fig. 6. Ansicht der vorderen Fläche eines rechten oberen Backenzahnes mit sehr langen divergirenden, bogenförmig gekrümmten, bis auf zwei Drittheile des Verlaufes getrennten Wurzeln. Die Krone hat die gewöhnlichen Dimensionen. Nat. Gr.

Fig. 7. *a.* Eckzahn, *b.* Backenzahn, beide vom linken Unterkieferast. Die Kronen dieser Zähne sind normal gebildet. 1—2 Linien unter dem Zahnhalse ist ein ringsum verlaufender stufenförmiger Absatz mit entsprechender Knickung sichtbar, was den Zähnen das Ansehen gibt, als hätte ein Bruch derselben stattgehabt, der mit seitlicher Verschiebung der Kronen heilte. Die mikroskopische Untersuchung eines davon angefertigten Schliffes ergab jedoch, dass diese Deformität einem Fehler in der ersten Bildung ihr Entstehen verdanke, indem an der betreffenden Stelle durchaus keine Spur von einem stattgehabten Bruche, einer die Bruchstücke etwa vereinigenden Neubildung zu beobachten ist, sondern nur eine auffällige Ablenkung der Zahnkanälchen von ihrem regelmässigen Verlaufe zu constatiren ist. Nat. Gr.

Fig. 8. Zahn, dessen Krone durch zwei tief eindringende Furchen gleichsam in drei fingerförmige Lappen getheilt ist. Die Abbildung stellt die wahrscheinlich innere, der Mundhöhle zugekehrt gewesene Fläche dar, an welcher noch eine leistenförmige Schichte Zahnstein, dem Contour des Halses folgend, sichtbar ist. Der Zahn selbst dürfte ein unterer Backenzahn sein, wie sich aus dessen Vergleichung mit ähnlichen Anomalien ergibt. Nat. Gr.

Fig. 9. (Fall von Hrn. Prof. Lenhossék in Pesth zur Untersuchung überlassen.) Monströser rechter oberer Mahlzahn, einer etwa 40jähr. Bäuerin Maria Nosträn im Jahre 1824 auf

observed, the root of which having been resorbed to the neck of the tooth. That alveolus shows a circular channel and in the middle a cone, which was grown into the pulp-cavity of the temporary tooth. Nat. size.

Fig. 4. Anterior segment of the lower jaw with the two canines, which did not appear through the gums of an individual in advanced age. The crowns of the incisors are stunted already to one third of their previous height; the two lateral incisors incline towards their corresponding bicuspids (*a, a*). The space for the canines is empty; these are completely developed on crown and root. The crown of the right canine with its convex exterior or frontal surface is turned towards the root of the lateral incisor; the root of the first has two tops and is bent under a right angle in its inferior third part, so that its top gets its position beyond that of the first right bicuspid. The longitudinal axe of the left canine is obliquely inclined towards the first bicuspid, and the top of the root of the first one is bent behind under a right angle in such a way, that the top forms a small protuberance close to the *spina mentalis interna* on the posterior or internal wall of the under jaw. Nat. size.

Fig. 5. A right molar from the lower jaw; the crown is destroyed by caries nearly to the neck; the roots are very long and somewhat divergent, their tops inclined towards each other in such a manner, that the top of the posterior root grasps about the hooklike top of the anterior root, without a union having taken place, notwithstanding their touching. Besides, a thickening is remarkable by hypertrophy of the cementum towards the tops of the roots. Nat. size.

Fig. 6. View of the anterior surface of a right bicuspid of the upper jaw, with very long, divergent, arch-like bent roots, which show a separated course in two thirds of their course. The crown has its ordinary dimensions. Nat. size.

Fig. 7. *a.* canine, *b.* bicuspid; both of the left under jaw. The crowns of these teeth are conformed quite in a normal manner. One or two lines under the neck of the tooth a regularly graduated deviation from the axe of the latter running round about is visible, which gives the appearance to the teeth, as if a fracture of them had taken place healed with a removal of the crowns towards one side. The microscopical examination of a corresponding cut, however, shows, that the deformity spoken of owes its origin to an interrupted evolution, because no sign whatever is to be found on the corresponding place of a foregone fracture as a new formation (callus) uniting the pieces of fracture, but only a remarkable deviation of the dentinal tubes is to be stated of their regular course. Nat. size.

Fig. 8. A tooth, the crown of which by two furrows deeply penetrating is divided in three fingerlike lobules. The copy shows the surface most probably the internal one, situated towards the cavity of the mouth; a border-like layer of tartar follows the outline of the neck. The tooth may be a bicuspid of the under jaw, as the comparison with similar anomalies is to be judged from. Nat. size.

Fig. 9. (We are indebted to Prof. Lenhossék at Pesth for allowing us to examine this specimen.) A monstrous right molar of the upper jaw removed by operation in the year 1824 a

operativem Wege entfernt. *A*. vordere Ansicht; *B*. Durchschnittsfläche, um das Ineinandergreifen der Zahnsubstanzen zu zeigen. Nat. Gr.

Gewicht = 22,2 Gr. Länge von der Spitze der vorderen äusseren Wurzel bis zur grössten Protuberanz der Kaufläche = 4,7 Centim. Grösster Durchmesser von der vorderen zur rückwärtigen Fläche 2,3 Centim. Grösster Durchmesser von der äusseren zur inneren Fläche 2,7 Centim. Die 3 Wurzeln des Zahnes sind stark entwickelt, die beiden äusseren nahezu bis an die Spitze verschmolzen. Die hintere äussere Wurzel neigt sich stark nach einwärts; an ihrer äusseren Fläche befindet sich eine seichte Furchung, auf eine Theilung des Wurzelkanales hindeutend. Die innere Wurzel ist insbesondere an ihrer Innenseite abgeflacht. Der dem Zahnhalse entsprechende Theil ist glatt und von dem die Krone repräsentirenden durch eine Abschnürung deutlich abgegrenzt.

Der Kronentheil entspricht im Allgemeinen der Form eines Mahlzahnes mit dem Unterschiede, dass jede einzelne Fläche colossal entwickelt und mit zahlreichen kleinen drusenförmigen Höckern besetzt ist. Die verhältnissmässig kleine Kaufläche zeigt im Wesentlichen einen grossen, der inneren Wurzel und drei kleinere, den äusseren Wurzeln der Lage nach entsprechende Höcker. Die ganze äussere Oberfläche der colossal entwickelten Krone ist mit sehr zahlreichen, bis nadelstichgrossen ausmündenden Gefässkanälen besetzt.

Der durch die innere und zwischen beiden äusseren Wurzeln geführte Schnitt bietet einen überraschenden Anblick (*B*). Die nach Art eines Querspaltes erscheinende Pulpahöhle hat eine Breite von 6 Millim. und ist von der grössten Protuberanz an der Kaufläche nahezu 3 Centim. weit entfernt. An anderen Schnitten kommen spitzkonische, den Kronenhöckern entsprechende Verlängerungen der Pulpahöhle zum Vorschein. Die Cementlage der Wurzeln setzt sich unmittelbar in die Krone fort, überzieht letztere in ihrem ganzen Umfange und erreicht entsprechend der Convexität der äusseren und inneren Kronenseite eine Dicke von 4,5 Millim. Das Kronencement ist von zahlreichen, in der regelmässig entwickelten Knochensubstanz eingebetteten Gefässkanälen durchzogen, welche theils quer die Substanz durchsetzen und trichterförmig an der äusseren Oberfläche münden, theils nach der Längenaxe des Zahnes oder in verschiedenen Richtungen verlaufen.

Der Schmelz ist durch die Regelmässigkeit seiner Entwicklung auffällig, beginnt am Zahnhalse, zieht entlang der colossalen Krone, bis zur Dicke von einem Millim. anwachsend gegen die Kaufläche, schlägt sich hier nach aufwärts gegen den Zahnhals und bildet hier zwei nach aufwärts gerichtete spitze Falten. Im Ganzen betrachtet, beschreibt der gefaltete Schmelz im Durchschnitt beiläufig ein grosses lateinisches M mit zwei seitlichen Schenkeln. Kleinere Variationen in der Faltenbildung trifft man in verschiedenen Schnitten.

Das Zahnbein ist gleichfalls vermöge seiner regelrechten Entwicklung ausgezeichnet und keilförmig in die Emailfalten eingeschoben. Von der zugespitzten Verlängerung der Pulpahöhle aus trifft man Globularmassen mit amorphen Kalkagglomeraten streifenweise eingetragen an. Dentinneubildungen mit radiären Systemen von Zahnbeinkanälchen sind nur in geringer Menge und Grösse an dem Dache der Pulpahöhle und den Zahnkanälen nachzuweisen.

Fig. 10. Unterer Weisheitszahn mit bis auf eine kleine Stelle verschmolzenen, hakenförmig nach rück- und auswärts gekrümmten Wurzeln, an deren Spitzen sich eine schwache Cementhypertrophie bemerkbar macht. Die Abbildung stellt die vordere, dem zweiten Mahlzahn zugekehrt gewesene Fläche dar. Nat. Gr.

Fig. 11. Unterer Mahlzahn mit fünf vollkommen getrennten, vollständig ausgebildeten Wurzeln. Die Ansicht entspricht der Vorderseite des Zahnes. Es ist jede der beiden flachen,

country-woman, Maria Nostrán. *A*. front-view; *B*. surface of a perpendicular section to show the position of the substances of the tooth. Nat. size

Weight of the whole tooth = 22,2 grammes. Length from the top of the anterior exterior root till to the most prominent part of the grinding surface = 4,7 Cent. Largest diameter from the anterior to the posterior surface = 2,3 Cent. Largest diameter from the external to the internal surface 2,7 Cent. The three roots of the tooth are of a strong conformation; the two external ones blended together almost to their top. The posterior external root bends more inwards; on its external surface a shallow furrow is to be observed notifying a division of the canal of the root. The internal root is flattened principally on its inside. The part of the tooth corresponding to the neck is smooth and apparently bordered from the other representing the crown by a well marked line.

The crown in its whole circumference resembles the shape of a molar with the difference, that each singular surface is developed on a colossal manner and covered with numerous small warty protuberances. The proportionally small masticatory surface shows principally one large ridge corresponding with the internal root according to its position and three smaller ones answering to the external roots. The whole surface of the very large crown is crowded with the openings of numerous canals for vessels about the size of the point of a pin.

The section made through the internal and between the two external roots gives a surprising sight (*B*). The cavity of the pulp appears like a transverse cleft measuring six Millim.; it is distant nearly 3 Centim. from the most protuberant part of the masticatory surface. In other longitudinal cuts conical prolongations of the pulp-cavity corresponding to the ridges of the crown are to be seen. The cementum of the roots passes without interruption over the crown, covering the latter in its whole circumference and rising to a thickness of 4,5 Millim. on the external and internal side of the crown. The cementum of the crown is permeated by numerous vascularized canals bedded in the regularly developed bony substance; the canals partly traverse the substance, or follow the longitudinal axe of the tooth, or run in several directions and show funnel like openings on the external surface.

The enamel strikes by the regularity of its development, begins on the neck of the tooth, runs along the colossal crown, increasing to a thickness of one Millim. towards the masticatory surface, but not reaching the latter, and bends upwards towards the neck of the tooth, forming here two pointed upwards directed folds. Considered on the whole the folded enamel resembles in its longitudinal section the figure of a latin M. Variations of the conformation of the folds are to be found in different sections.

The dentine equally distinguished by its regular development is inserted between the folds of the enamel in the form of wedges. Dentinal globules with agglomerations of amorphous lime in the interglobular spaces are to be seen in rows, beginning from the conical prolongations of the pulp-cavity. New formations of dentine with radiated systems of dentinal tubuli are to be observed only a few and of small size on the roof of the pulp-cavity and in the canals of the root.

Fig. 10. A wisdom-tooth of the under jaw with roots blended together except on a small part and hooked behind and outwards, on the points of which a small set of hypertrophic cementum is to be observed. The copy shows the anterior surface having been turned to the second molar. Nat. size.

Fig. 11. A molar of the under jaw with five accomplished and fully separated roots. The copied view answers the anterior side of the tooth. Each of the two common flattened roots is

gewöhnlich vorhandenen Wurzeln in zwei rundliche geschieden, zu denen noch eine accessorische (a) an der inneren oder Mundseite hinzutritt. Nat. Gr.

Fig. 12. Oberer Mahlzahn mit vollkommen regelmässiger Krone und derartig verschmolzenen Wurzeln, dass die Contouren der letzteren fast gänzlich verschwunden sind. Der Zahn ist von der Krone bis zu den Wurzelspitzen von gleichmässiger Stärke und, einem vierseitigen Prisma gleichend, ringsum von mehr oder weniger ebenen Flächen begrenzt. Selbst die Wurzelspitzen liegen von einer Lage hypertrophischen Cementes bedeckt in einer zur Kaufläche parallelen Fläche vereinigt. Nat. Gr.

Fig. 13. Mahlzahn des rechten Oberkiefers, dessen äussere Wurzeln theilweise eine schwache Cementhypertrophie zeigen, theilweise aber an den Spitzen verschmolzen sind. Die Wurzeln sind ungewöhnlich lang; die vordere äussere Wurzel ist über die Spitze der hinteren äusseren hinübergebogen und ragt rückwärts beträchtlich hervor. Bei a sind die durch einen Alveolarabscess hervorgebrachten Resorptionsstellen des Cementes sichtbar. Nat. Gr.

Fig. 14. Ansicht der Aussenseite eines rechten unteren Weisheitszahnes, dessen vordere Wurzel (a) sichelförmig nach rückwärts gekrümmt durch ein Fenster der hinteren Wurzel (b) hindurchgeschoben mit ihrer Spitze nach rückwärts frei hervorragt. Die hintere Wurzel ist nahe ihrer Spitze zu scharfwinkelig geknickt. An der Berührungsfläche sind beide Wurzeln verschmolzen. Nat. Gr.

Fig. 15. Unterer Milchbackenzahn, zwischen seinen Wurzeln, an welchen der Resorptionsprocess noch nicht begonnen hat, die bereits vollständig ausgebildete Krone des bleibenden Backenzahnes der Art einschliessend, dass es unmöglich ist, den Milchzahn zu ziehen, ohne gleichzeitig die Krone des bleibenden Zahnes mitzuentfernen. Nat. Gr.

Fig. 16. Durchschnitt eines gerieften jugendlichen Eckzahnes. Das Zahnbein zeichnet sich durch eine sehr augenfällige Schichtung aus, welche von die einzelnen Lagen (a, a) trennenden und zwischen sie eingeschobenen Globularmassen und sehr dunklen Interglobularräumen herrührt. Die Schichtung entspricht der absatzweisen Bildung des Zahnbeines von Seite der Pulpe. Der Querschnitt des Kronentheiles ist verhältnissmässig schmal. Die Schmelzoberfläche ist im Durchschnitt wellenförmig, entsprechend den rings um die Krone verlaufenden parallelen Riefen. Demgemäss ist der Schmelz von ungleichförmiger Dicke und zeigt in seinem Innern stark pigmentirte Streifen, conform den wellenförmigen Zügen desselben. Gegen das Ende des verhältnissmässig weiten Wurzelkanales sitzen mehrere, theilweise in Gruppen beisammen stehende kugelige Dentinneubildungen, welche im Durchschnitt eine dunkle Centralmasse aufweisen. Vg. 5.

Fig. 17. Linker mittlerer und seitlicher bleibender Oberkieferschneidezahn ihrer ganzen Länge nach miteinander verschmolzen; A stellt die der Lippe zugekehrte Fläche dar, an welcher eine seichte Längsfurche von der Wurzelspitze bis in die Krone hinein verlaufend die Demarkation der beiden verschmolzenen Zähne andeutet. Am Zahnhalse beobachtet man eine quer über beide Zähne sich erstreckende beginnende Caries. B entspricht der Zungenfläche desselben Doppelzahnes. Die Formen der beiden verschmolzenen Zähne sind hier schärfer ausgeprägt und die sie trennende Furche sowohl an der Wurzel als auch namentlich an der Krone tiefer eingeschnitten, als an der Lippenseite. Nat. Gr.

divided in two round ones, to which an accessory one adjoins on the internal or mouth-side. Nat. size.

Fig. 12. A molar of the upper jaw with regular crown and roots blended in such a manner, that the outlines of the latter ones have almost disappeared. The tooth is of an equal circumference from the crown to the tops of the roots, and resembles a quadrilateral prism confined round about by more or less plain surfaces. Even the tops of the roots covered with a layer of hypertrophic cementum are united to a plain parallel to the masticatory surface. Nat. size.

Fig. 13. A molar of the right upper jaw; the external roots of the first one partly show a small set of hypertrophic cement and are blended on their tops. The roots are extraordinarily long; the anterior external root is bent over the top of the posterior external one and projects considerably behind. Near a the spots of resorption of the cementum produced by an abscess in the alveolus are visible. Nat. size.

Fig. 14. View of the external surface of a right wisdomtooth of the under jaw, the anterior root (a) of which is falcated behind pushed through an opening of the posterior root (b) and projecting freely backwards with its top. The posterior root is flawed near its top under a sharp angle. Both roots are blended on their contiguous surfaces. Nat. size.

Fig. 15. A temporary molar tooth embracing with its roots, on which the process of absorption has not yet begun, the fully developed crown of the bicuspid in such a manner, that it is impossible to extract the temporary tooth without removing at once the crown of the permanent tooth. Nat. size.

Fig. 16. Section of a juvenile fang with transverse furrows, small grooves and pits on the crown and the root. The dentine is distinguished by being disposed into strata owing that prominent peculiarity to mighty transparent dentinal globules and dark interglobular spaces a, a interposed between the strata of dentine and separating them. The disposition into strata corresponds to the interrupted evolution of dentine. The circumference of the crown is proportionally small. The enamel in its longitudinal section shows a wavylike outline corresponding to the parallel furrows running round about the crown. Accordingly the enamel is of unequal thickness and shows inside pigmented stria adequate to its wavy delineations. Besides spherical new formations of dentine showing a dark central mass are situated in the ample canal of the root partly scattered in groups. Magn. 5 diameters.

Fig. 17. The left permanent central and lateral incisor of the upper jaw united throughout their whole length; A shows a view of the labial surface, on which a superficial longitudinal furrow extending from the top of the root into the crown marks the line of confluence of the united teeth. The beginning of a caries extending transversely over the neck of both teeth is to be observed. B shows the lingual surface of the same specimen. The shape of both teeth on this side are more pregnant and the marking line is more deeply cut not only on the root but principally on the crown, as is the case on the labial surface. Nat. size.

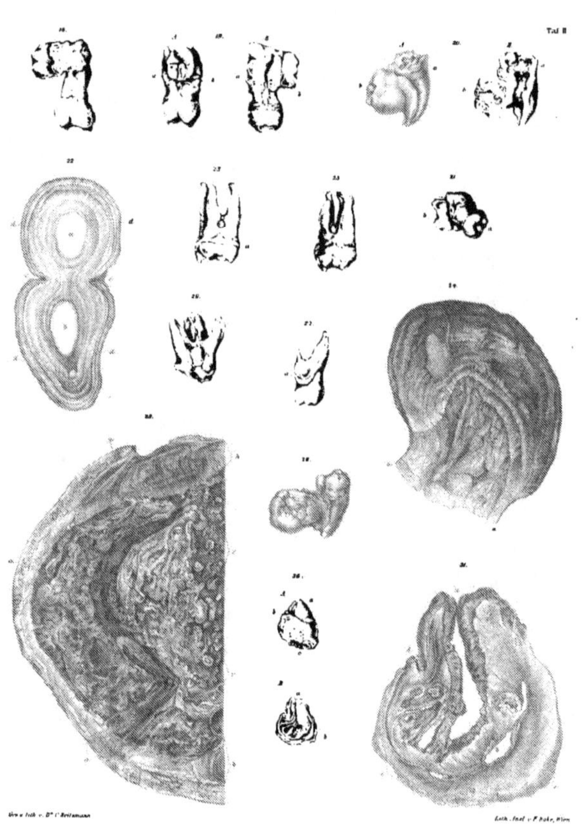

Gez. u. lith. v. Dr. C. Heitzmann

Lith. Anst. v. F. Paky, Wien

Tafel II.

Fig. 18. Verschmelzung der Wurzeln des linken oberen zweiten Mahl- und des Weisheitszahnes. Die Abbildung stellt die innere, gegen die Mundhohle gekehrte Fläche der Zähne dar. Die Wurzeln des senkrecht stehenden Mahlzahnes sind in ihrem ganzen Verlaufe vereinigt und von ihrer Spitze bis nahe zur Hälfte ihrer Länge mit einer scharf abgegrenzten Lage hypertrophischen Cementes überzogen. Die Wurzel des horizontal gelagerten zwerghaften Weisheitszahnes ist mit der inneren Wurzel des Mahlzahnes verschmolzen und zeigt ebenfalls eine bis an den Zahnhals reichende, kappenartig aufsitzende, scharf begrenzte hypertrophische Cementmasse, deren Oberfläche in jene des hypertrophischen Cementes des Mahlzahnes ohne merkliche Abgrenzung übergeht. Nat. Gr.

Fig. 19. Verschmelzung der Wurzeln des linken oberen zweiten Mahl- und des Weisheitszahnes. Die Wurzeln des senkrecht gelagerten Mahlzahnes sind vollkommen entwickelt und getrennt. Man sieht in der Abbildung *A* die nach rückwärts gerichtete Kaufläche des horizontal gelagerten Weisheitszahnes zwischen der hinteren äusseren Wurzel (*a*) und der inneren Wurzel (*b*) des zweiten Mahlzahnes hervorragen. Die Spitze der Wurzel *a* ist frei, die Wurzel *b* bis zur Spitze an ihrer inneren Fläche mit dem Weisheitszahne verschmolzen. *B* gibt die äussere Seitenansicht derselben Verschmelzung. Man beobachtet die beiden äusseren Wurzeln des zweiten Mahlzahnes, von denen die hintere äussere (*b*) den horizontal gelagerten Weisheitszahn am Halse so umfasst, dass ihre Spitze allenthalben frei ist, wogegen die vordere äussere Wurzel (*a*) mit einer höckerigen Cementhypertrophie überzogen, an der Spitze resorbirt, mit der walzenförmigen, ebenfalls hypertrophischen Wurzel des Weisheitszahnes (bei *c*) verschmolzen ist. Nat. Gr.

Fig. 20. Doppelmissbildung eines unteren Weisheitszahnes. *A.* Die cariöse Krone des vollkommen entwickelten Zahnes (*a*) ist von derjenigen des zweiten an Umfang dem ersteren gleichkommenden Zahnes (*b*) vollkommen getrennt. Der letztere ist in seinem Wurzeltheile rechtwinkelig geknickt und durch eine tief einschneidende Furche in seiner Begrenzung bezeichnet. *B.* Längenschnitt durch die Missbildung Die weite Pulpahohle des Zahnes (*a*) bildet eine seitliche Bucht für den zweiten Zahn, auch der weite Wurzelkanal des ersteren sendet einen quer verlaufenden Zweig für den zweiten ab. Der Schmelz des zweiten Zahnes senkt sich in dem mittleren Abschnitte der Kaufläche faltenartig 3—4 Millim. tief in die Krone und wird in einer poröseren Substanz unkenntlich. Nat. Gr.

Plate II.

Fig. 18. Union of the roots of the left second molar- and wisdom-tooth of the upper jaw. The copy shows the internal or lingual surface of the teeth. The roots of the perpendicularly situated molar are united in their whole length and covered from their top till about the half of their length with a well defined layer of hypertrophic cementum. The root of the horizontally situated dwarfed wisdom-tooth is united with the internal root of the molar tooth and shows likewise a hypertrophic layer of cementum, fastened like a cap well confined and reaching to the neck of the tooth. The hypertrophic cementum passes over from one tooth to the other without a perceivable demarcation. Nat. size.

Fig. 19. Union of the roots of the left second molar- and wisdom-tooth of the upper-jaw. The roots of the perpendicularly situated molar are fully developed and separated from each other. In the figure *A.* the masticatory surface directed backwards of the wisdom-tooth lying in a horizontal position between the posterior labial root (*a*) and the palatine root (*b*) of the second molar-tooth is to be seen. The top of the root (*a*) is free, the root (*b*) is united from its top downwards with the wisdom-tooth. *B.* shows the external lateral view of the same specimen. There are to be observed the two external roots of the second molar-tooth, from which the posterior external one (*b*) grasps the horizontally situated wisdom-tooth on the neck in such a way, that its top projects round about without any adherence, whilst the anterior external root (*a*) is covered with a rugged thick layer of cementum, on its top absorbed and united (near *c*) with the cylindrical, also hypertrophic root of the wisdom-tooth. Nat. size.

Fig. 20. A double wisdom-tooth of the lower jaw. *A.* The carious crown of the fully developed tooth (*a*) is perfectly separated from that of the second tooth (*b*) in size equal to the first one. The latter is flawed under a right angle in its part belonging to the root and confined with a deeply cut furrow. *B.* Longitudinal section through the double-tooth. The large pulp-cavity of the tooth (*a*) forms a diverticle for the second one; likewise the large canal of the root of the first tooth sends a transverse branch for the second one. The folding enamel of the second tooth immerses 3—4 Millim. deep into the middle of the crown and disappears in a more porous substance. Nat. size.

A microscopical section parallel to the just described medial surface makes it evident, that the enamel of the second

Ein mikroskopischer Schnitt parallel der gegebenen Schnittfläche lehrt, dass der Schmelz des zweiten Zahnes in seinen Seitentheilen gegen den Zahnhals zu ganz regulär sich verhält, in den die Buchten überziehenden centralen Theilen zu einer Dicke von 2 Millim. und darüber anwächst und daselbst merkwürdiger Weise von mehreren bald engeren bald weiteren, scharf begrenzten, mit selbstständiger Wandung versehenen Hohlgängen durchsetzt sei, welche hie und da in ihrem Längsverlaufe vom Zahnbeine ausgehend beobachtet werden, an anderen Orten schief oder quer in den Schnitt gefallen sind. Entsprechend der oberwähnten Substanz (B b) ist der Schmelz unregelmässig und kümmerlich daselbst entwickelt, das Zahnbein von zahlreichen Globularmassen und mit amorphen Kalksalzen erfüllten Hohlräumen unterbrochen. An anderen Stellen ist das Zahnbein von zerstreuten nach der Richtung der Zahnkanälchen verlaufenden, scharf begrenzten, mit einer eigenen Wandung ausgestatteten Gängen durchzogen. Das Cement, das die beiden Wurzeltheile überzieht, zeigt keine bemerkenswerthen Anomalien.

Fig. 21. Verschmelzung zweier Backenzähne, deren Kronen die normale Grösse haben, deren Wurzeln hingegen zwerghaft gebildet sind. Es bietet diese Anomalie ein besonderes Interesse dar, indem die Gestalt der Krone *a* einem unteren, die der Krone *b* aber einem oberen Backenzahne entspricht; ferner haben die Kronen und Wurzeln beider Zähne entgegengesetzte Richtungen, und ist die Verbindung nur durch die Wurzeln vermittelt, die Kronen sind vollkommen frei. Nat. Gr.

Fig. 22. Querschnitt durch die Kronen zweier verschmolzener Milchzähne (Schneide- und Eckzahn). Die Pulpahöhle des Schneidezahnes (*a*) und jene des Eckzahnes (*b*) sind voneinander getrennt. Die Grenze beider Zähne ist durch tief eindringende Einschnitte (*c, c*) markirt. Die Schmelzschichte (*d, d*) geht unmittelbar von einem auf den anderen Zahn über und weiset dieser Uebergang auf ein gemeinsames Zahnsäckchen während des embryonalen Zustandes hin. Die vielfachen Lagen des Zahnbeines von dem einen Zahne setzen sich ohne Unterbrechung in jene des zweiten Zahnes fort, adäquat der Krümmungsoberfläche der beiden Kronen. Vg. 7.

Fig. 23. Schmelztropfen an der hinteren Fläche eines linken oberen Mahlzahnes. Der nahezu 2 Millim. im Durchmesser haltende weisse, perlenartig glänzende Tropfen sitzt an der Vereinigungsstelle der hinteren äusseren und inneren Wurzel. Der mit einer ringförmigen Lage von Zahnstein (*a*) besetzte Schmelz besitzt einen flachen, anliegenden, dornartigen Fortsatz, dessen Spitze gegen die Mitte des Schmelztropfens gerichtet ist. Nat. Gr.

Fig. 24. Durchschnitt desselben Schmelztropfens. Die verhältnissmässig sehr dicke, kappenförmige Schmelzlage sitzt auf einem stumpfen Zahnbeinkegel auf. Der Schmelz, welcher sich vom normal entwickelten nicht unterscheidet, ist namentlich gegen die Oberfläche hin stark pigmentirt; seine Verbindung mit dem Zahnbeine verhält sich wie gewöhnlich. Letzteres besteht theils aus regelmässig gegen den Schmelz

tooth is quite regular in its lateral parts, towards the neck of the tooth, but in its central ones overcasting the excavations increases to a thickness of two Millim. and beyond that and there strikingly is perforated by several now narrower then wider sharp confined canals supplied with a genuine wall, which canals here and there can be traced crossing the enamel longitudinally to the dentine, or are to be seen cut transversely or obliquely. According to that mentioned porous substance (B, b) the enamel is irregular and incompletely developed and the dentine intersected with numerous globular masses and interspaces filled with amorphous lime. On other places the dentine is permeated by disseminated canals supplied with a genuine wall and following the direction of the dentinal canaliculi. The cementum covering the roots does not show any remarkable irregularity.

Fig. 21. Union of two bicuspids; their crowns are of normal size, their roots on the contrary dwarfed. That irregularity is of a peculiar interest, as the shape of the crown (*a*) corresponds to a bicuspid of the lower jaw, that of the crown (*b*) to such a one of the upper-jaw; besides the crowns and roots of both teeth have opposed directions; the union is accomplished only by the roots, whilst the crowns are quite free. Nat. size.

Fig. 22. Transverse section through the crowns of two united temporary teeth (incisor and fang). The pulp-cavity of the incisor (*a*) and that of the fang (*b*) are separated from each other. The border of both teeth is defined by deep incisions (*c, c*). The enamel (*d, d*) passes over from one tooth to the other without interruption, which transition gives proof of a sack common to both teeth during the embryonic state. The manifold concentric layers of dentine are continuated from one tooth into the other, and adapted to the superficial convexity of both crowns. Magn. 7 diam.

Fig. 23. Nodule of enamel on the posterior surface of a left molar-tooth of the upper-jaw. That smooth drop of enamel has nearly two Millim. diameter, is of a white colour, shines like a pearl, and sticks on the union of the posterior external and internal root. The enamel surrounded with a ringlike layer of tartar (*a*) shows a flattened, adherent thorny process, the point of which is directed towards the middle of the nodule of the enamel. Nat. size.

Fig. 24. Section of the same nodule. The proportionally very thick layer of enamel sticks like a cap on an obtuse cone of dentine. The enamel not different from the normal one is highly pigmented especially towards the external surface; its connexion with the dentine is of ordinary state. The latter consists partly of regularly radiating canaliculi, partly of interposed systems of canaliculi with an irregular course. Plenty

3

ausstrahlenden Zahnbeinkanälchen, theils aus eingeschobenen Systemen von Kanälchen mit unregelmässigem Verlaufe. Die vielen Globularmassen mit den Interglobularräumen ziehen parallel zur Oberfläche, sind aber auch häufig zwischen den Systemen der Kanälchen haufenweise eingetragen. Die Basis (a, a) des Kegels steht in unmittelbarer Verbindung mit dem normalen Zahnbeine. Vg. 50.

Fig. 25. Vierwurzeliger oberer Mahlzahn der rechten Seite, zwischen dessen beiden inneren Wurzeln ein perlenartiger, 3 Millim. im Durchmesser haltender Schmelztropfen eingebettet ist. Eine schmale, flache Emailleiste verbindet den Kronenschmelz mit dem Schmelztropfen. Nat. Gr.

Fig. 26. Vierwurzeliger Mahlzahn des linken Oberkiefers. Ansicht von der hinteren Seite. Es ist wahrscheinlich, dass durch die Verschmelzung zweier unvollkommen entwickelter Zähne, des Weisheits- und eines überzähligen Zahnes, die Missbildung entstanden sei, welche zwischen ihren beiden nach rückwärts gelagerten Wurzeln einen ovalen, 5 Millim. im Längendurchmesser haltenden, 1,5 Millim. hohen, milchweissen, glatten Schmelztropfen einschliesst. Nat. Gr.

Fig. 27. Bleibender seitlicher Schneidezahn des linken Oberkiefers. Die Wurzel ist plattgedrückt, endet in zwei Spitzen von ungleicher Länge und schliesst zwischen denselben eine muldenförmige Vertiefung ein, in welcher sich in der Höhe des Zahnhalses eine kleine, in den Wurzelkanal dringende, von einem gegen 1 Millim. breiten Emailrahmen umschlossene spaltformige Oeffnung (a) befindet. Die Schmelzgrenze der sonst normal entwickelten Krone ist unterhalb der Spalte (a), der Krümmung der Mulde entsprechend, herabgerückt. Nat. Gr.

Fig. 28. Cariöser unterer Weisheitszahn mit einem den Wurzeln aufsitzenden Hartgebilde, welches dem Volumen nach nahezu das Doppelte des Zahnes beträgt. Seine Basis erstreckt sich vom Zahnhalse über beide Wurzeln bis an deren Spitzen, welche noch hervorragen, und dringt in den Zwischenraum beider Wurzeln ein, so dass sie nur an der dem Hartgebilde gegenüber stehenden Seite durch eine Furche getrennt erscheinen. Die Oberfläche desselben ist an vielen Stellen mehr oder weniger platt, abgerundet, an anderen von unregelmässigen Furchen und Buchten durchzogen und mit drusigen Hervorragungen besetzt. Nat. Gr.

Fig. 29. Senkrecht auf die Oberfläche geführter Querschnitt aus dem in der vorhergehenden Figur dargestellten Hartgebilde. Man unterscheidet hauptsächlich zweierlei Gewebe, Cement und Zahnbein, während Email gänzlich fehlt. Die Oberfläche des Gebildes ist allenthalben mit einer verhältnissmässig schwachen, von zahlreichen eingestreuten, mit amorphen Kalksalzen erfüllten Hohlräumen durchsetzten Cementlage (a, a, a) überzogen. Innerhalb derselben befindet sich eine concentrische Schichte Zahnbeines (b, b), dessen Kanälchen im Allgemeinen radial verlaufen. Die Hauptmasse oder das Parenchym besteht aus Knochensubstanz mit verhältnissmässig sehr weiten, gewundenen und sich ramificirenden Hohlgängen (c, c), welche streckenweise noch eine gelbliche

of dentine globuli with the interglobular spaces extend parallel to the surface but often are bedded in groups between he systems of canaliculi. The base (a, a) of the cone is in immediate connexion with the normal dentine. Magn. 50 diam.

Fig. 25. A right molar-tooth of the upper-jaw with four roots, of which the space between the internal roots contains a pearllike nodule three Millim. in diameter. A straight flat border of enamel unites the enamel of the crown with that of the nodule. Nat. size.

Fig. 26. A four-rooted left molar-tooth of the upper-jaw. View of the posterior side. The irregularity probably took its origin by the union of two incompletely developed teeth, the wisdom- and a supernumerary tooth. Between the two backwards situated roots an oval nodule measuring 5 Millim. in the longitudinal diameter, elevated 1,5 Millim. is inclosed, having a milky smooth appearance. Nat. size.

Fig. 27. A permanent lateral incisor of the left upperjaw. The root is flattened terminating in two tops of unequal length and including between the latter ones an excavation like a bowl, in which a small cleft (a) penetrating into the channel of the root and surrounded by a frame of enamel about one Millim. broad is to be observed on the highest point of the neck of the tooth. The terminating line of the enamel of the well developed crown is removed downward below the cleft (a) according to the mentioned excavation. Nat. size.

Fig. 28. A carious wisdom-tooth of the under-jaw with a hard formation placed on the roots and measuring in its circumference nearly the double of the tooth. Its base extends from the neck of the tooth over both roots till to their tops, which still protuberate and penetrate the space between the two roots in such a way, that these are only separated by a furrow on the side opposite to that formation. The surface of it is more or less flattened on several places, rounded on others, permeated by irregular furrows and holes and furnished with many small protuberances. Nat. size.

Fig. 29. Transverse section perpendicular to the surface from the hard formation of the precedent specimen. Two different tissues are principally to be observed, cementum and dentine, whilst enamel is totally missed. The surface of the formation is everywhere covered with a proportionally small layer of cementum (a, a, a), permeated by numerous interspersed holes and canals filled with amorphous lime. On the inside of that layer a concentric stratum of dentine (b, b) appears, the canaliculi of which generally have a radiating course. The principal mass or the parenchyma consists out of osseous substance with proportionally wide, winding and ramificated canals (c, c), which here and there show still a yellow tinge and a hollowness, but mostly are already calcinated. These

Färbung und eine Lichtung zeigen, grösstentheils aber schon verkalkt sind. Dieselben sind ohne Zweifel Blutgefässkanäle und stehen nach ihrer Aussenseite hin in Verbindung mit einer bald streifigen, bald globulären helleren Masse von ungleicher Vertheilung. Die die Zwischenräume der Kanäle ausfüllende Knochensubstanz enthält Gruppen vollkommen entwickelter Knochenkörperchen, deren Ausläufer, wie gewöhnlich, mit den Interglobularräumen in Zusammenhang stehen. Vg. 10.

Fig. 30. Zwerghaft entwickelter Mahlzahn. *A.* Seitenansicht desselben; der Wurzeltheil geht in einen harten, knolligen Auswuchs über. Die Krone (*a*) entspricht der Gestalt nach einem unteren Weisheitszahne, ist regelmässig emaillirt und durch eine Furche (*b*) von dem Wurzelauswuchse geschieden. Der letztere ist an seiner Oberfläche rauh, besitzt kleine Gefässöffnungen, unregelmässige Furchen und Grübchen und zeigt seitlich von der Wurzelspitze von einem Eiterungsprocesse usurirte Stellen (*c*.

B. Durchschnittsfläche desselben. An der Krone (*a*) steigt ein zwischen den Furchen derselben beginnender, central verlaufender Kanal nach abwärts und erweitert sich zu einer poröswandigen Höhle, welche gegen die Oberfläche des Auswuchses hin drei strahlenförmige Ausläufer sendet. Der in der Krone beginnende und der Curve der Wurzel folgende, glattwandige, scharf begrenzte Kanal (*b*) entspricht der excentrisch gelagerten Pulpahöhle. Nat. Gr.

Fig. 31. Durchschnitt desselben Zahnes. Der Schmelz ist vollkommen entwickelt und senkt sich, entsprechend der Furche an der Kaufläche (*a*,) in den central verlaufenden Kanal nach abwärts, denselben allenthalben mit einer beträchtlich dicken, gegen das Zahnbein scharf abgegrenzten Schichte auskleidend. Fortsetzungen des Schmelzes beobachtet man auch in den früher erwähnten strahlenförmigen Ausläufern als einen mehr oder minder ausgeprägten wandständigen Beleg. Merkwürdigerweise trifft man an der sich einsenkenden Schmelzfalte quer durchziehende Kanäle, welche bis in das Zahnbein reichen und daselbst an mit Globularmassen erfüllte Hohlgänge grenzen. Man zählt bei 20 solcher, deutlich nachweisbarer Kanäle. Das Zahnbein bildet den grössten Theil der gesammten Missbildung und schliesst eine gestreckte, in der Krümmung verlaufende Höhle (*b*) ein, welche kanalartige Verlängerungen gegen die Papillen der Krone hinsendet. Das Zahnbein besitzt an vielen Stellen meist mit Kalkdrusen und amorphen Kalksalzen, jedoch auch mit abgestorbenem Blute erfüllte Kanäle, welche in ihrem Hauptzuge sich nach dem Verlaufe der Zahnkanälchen richten. Globularmassen sind insbesondere gegen die Schmelzlagen hin reichlich vorhanden. Das Cement (*c, c*) ist von sehr ungleicher Mächtigkeit und an den dickeren Stellen von Kanälen durchsetzt. Gegen den Schmelz zu wird es entsprechend dünner. In der steilen Falte (bei *d*) ist ein Stück deutlich entwickelter Knochensubstanz eingekeilt, haftet innig der Schmelzfalte an und erinnert an die das Email überkleidende Cementlage der schmelzfaltigen Zähne. Vg. 5.

beyond doubt are canals for blood-vessels and are united on their outside with a now striped, then globular transparent mass in irregular arrangement. The substance filling up the interspaces of the canals contains groups of fully developed bone-corpuscules, the canaliculi of which are connected as usual with the interglobular spaces. Magn. 10 diam.

Fig. 30. A dwarfish molar-tooth. *A.* View from its side; the roots are transformed in a hard knotty excrescence. The crown (*a*) corresponds in its form with a wisdom-tooth of the under-jaw and is regularly furnished with enamel and separated by a furrow (*b*) from the excrescence of the roots. The latter one is rough on its surface, shows small openings for vessels, irregular furrows, holes and on the side of the top of the root parts in absorption produced by a suppurative process (*c*).

B. Section of the same specimen. On the crown (*a*) a central canal is to be observed, beginning between the furrows of the crown and amplified to a cavity with porous walls. Three branches radiate from the cavity towards the surface of the excrescence. The well defined canal (*b*) beginning in the crown and following the curve of the root, shows smooth walls and corresponds to the pulp-cavity eccentrically situated. Nat. size.

Fig. 31. Section of the same tooth. The enamel is fully developed and bends downwards to the central canal corresponding with the furrow of the masticatory surface (*a*) and overcasting the canal everywhere with a considerably thick and towards the dentine sharp-lined layer. Continuations of the enamel are likewise to be observed as a cast more or less defined and attached to the wall in the before mentioned radiated folds. On the fold of enamel bending down transversely running canals are to be remarked, which reaching the dentine are attached to holes filled up with dentine-globular masses. About twenty of such canals are to be numbered. Dentine mostly constitutes the whole malformation and includes a straightened curved cavity (*b*), which sends channel-like prolongations towards the papillæ of the crown. The dentine shows on many places canals filled up with amorphous lime and decayed blood and following principally the course of the canaliculi of dentine. Globular substances are especially accumulated towards the layers of enamel. The cementum (*c, c*) is of unequal size and furnished with canals on its thicker parts getting thinner towards the enamel. In the perpendicular fold (near *d*) a piece of well developed bony substance is immersed, firmly attached to the fold of the enamel and reminding one of the cementum overcasting the folded enamel of the large teeth of several animals. Magn. 5 diam.

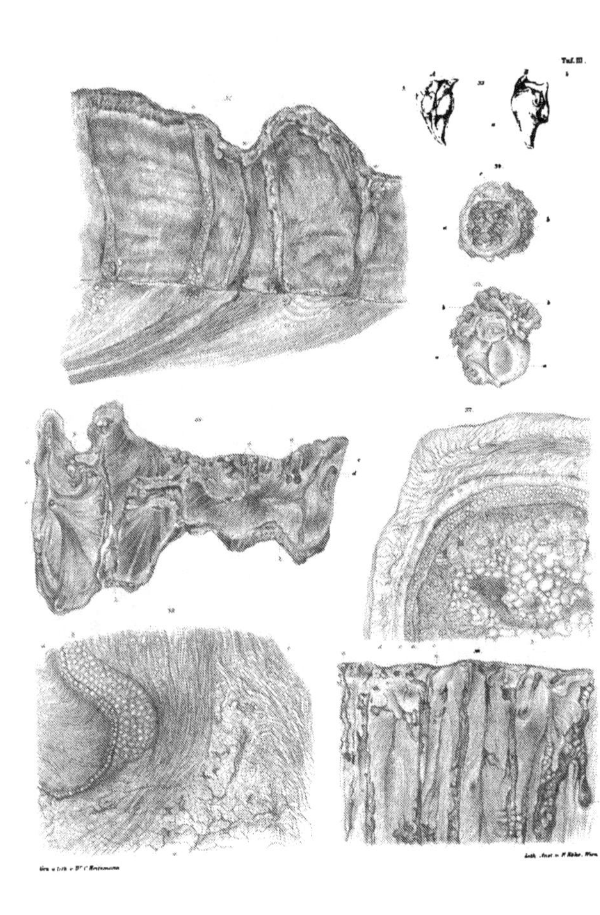
Taf. III.

Tafel III.

Fig. 32. Partie der in die Tiefe dringenden Schmelzfalte mit dem entsprechenden Zahnbeine aus dem vorhergehenden Schnitte des zwerghaften Zahnes. Die besagten, ungleichmässig vertheilten Kanäle im Schmelze sind stellenweise näher aneinander gerückt, an anderen Orten stehen sie in weiterer Entfernung; die schmäleren besitzen einen Querdurchmesser von 0,01—0,02 Millim. die weiteren einen solchen bis 0,04 Millim. In ihrem Verlaufe durch die ganze Dicke des Schmelzes erweitern sie sich trichterförmig sowohl gegen die Schmelzoberfläche, als auch gegen das Zahnbein, sind zuweilen halsartig abgeschnürt oder ausgebuchtet. Einige zeigen eine deutliche structurlose Auskleidungsmembran. Die sie erfüllende Masse ist eine zusammengeballte globuläre oder dunkelkörnige, welche sich auch eine Strecke weit in die correspondirende Zahnbeinpartie verfolgen lässt; zuweilen ist sie structurlos homogen mit einer dem Blutfarbestoffe zukommenden Färbung. Die Schmelzprismen sind regelmässig angeordnet, gegen die Oberfläche des Schmelzes rissig. Vg. 100.

Fig. 33. Unterer (?) Weisheitszahn, dessen Krone und Wurzel das Ansehen haben, als wären sie durch einen Längenschnitt gespalten und als ob ein plattes Stück Zahnbein in den Spalt hineingeschoben worden und darin festgewachsen wäre. *A.* Ansicht der einen Seite; die beiden Kronensegmente sind gut ausgebildet, das eine derselben (bei *b*) ist carios. Eine schmale Leiste zieht sich von dem eingeschobenen Stück Zahnbein über den Zahnhals längs der Furche der Wurzeln bis zu deren Spitzen. *B.* Man beobachtet die eine Hälfte der Krone sammt Wurzel (*a*) und die in drei Spitzen ausgezogene, aus Zahnbein bestehende eingeschobene Platte. Nat. Gr.

Fig. 34. (Fall übermittelt von Hrn. Prof. STRASSKY in Lemberg.) Ansicht des Basaltheiles eines missgebildeten Zahnes, welcher kappenartig auf der Krone eines unteren Mahlzahnes mit den schief zugeschärften Rändern des ringförmigen Schmelz-Wulstes (*a*) auf dem Alveolarrande (?) eine Linie hoch vom Zahnfleische bedeckt aufsass. Innerhalb des Wulstes liegen vier, durch eine kreuzförmige Leiste getrennter Vertiefungen, den Eindrücken eines vierhügeligen unteren Mahlzahnes entsprechend. Am Grunde der besagten Vertiefungen ragen Gruppen kleiner Schmelztropfen verschiedener Grösse hervor. Ueber den Basaltheil erhebt sich ein theilweise drusiges (*b*), theilweise von glatten gewölbten Flächen (*c*) begrenztes Gebilde. Nat. Gr.

Fig. 35. Seitenansicht derselben Missbildung. Es zeigen sich die mehr glatten, kugelförmig gewölbten seitlichen Flächen (*a, a*) nebst den unregelmässigen, wulstartigen, höckerigen

Plate III.

Fig. 32. Particle of the deeply penetrating fold of enamel with the attached dentine from the same cut of the dwarfish tooth. The mentioned unequally distributed canals of the enamel are more approached in some places, in others more distant from each other; the narrower ones have a transversal diameter of, 0,01—0,02 Millim., the wider ones measure 0,04 Mill. Running through the whole thickness of enamel they enlarge like a funnel as well towards the surface of the enamel, as towards the dentine; sometimes they have a notched appearance. Some show a distinct lining membrane without structure. The mass filling the canals of the enamel is a conglobated granular one, which is to be followed at a certain distance into the corresponding dentine; sometimes it is without structure homogeneous with a tinge resembling that of blood. The prisms of the enamel stand in regular order and have a cracked appearance towards the surface of the enamel. Magn. 100 diam.

Fig. 33. A wisdom-tooth of the lower-jaw (?), the crown and root of which have the appearance as if they were split by a longitudinal incision, and a flat piece of dentine had been intruded into the space and grown into it. *A.* View from the one side; the two segments of the crown are well formed, one of these is carious (near *b*). A narrow ledge goes from the intruded piece of dentine over the neck of the tooth along the furrow of the roots ending on the tops of these. *B.* Here is in view one half of the crown with the root (*a*) and that intruded piece of dentine protracted in three points. Nat. size.

Fig. 34. (We are indebted to Prof. STRASSKY at Lembergh for this specimen.) View of the base of an illformed tooth, which like a cap was placed on the crown of a molar-tooth of the lower-jaw; the obliquely sharpened borders of the ringlike roll of enamel (*a*) have been covered by the gum about one line high and fastened on the margin of the alveolus (?). On the inside of that roll four excavations are to be seen produced by a crosswise ledge, resembling the impressions of the four projections of a molar-tooth of the lower-jaw. On the ground of the mentioned excavations groups of small nodules of enamel in different size project. A formation partly nodular (*b*), partly furnished with smooth convex surfaces (*c*) rises from the base of that clumsy tooth. Nat. size

Fig. 35. Lateral view of the same specimen; it shows the rather smooth, convex lateral surfaces (*a, a*), besides the irregular ringlike, nodular projections (*b, b*). Many small

Hervorragungen (b, b). An dem drüsigen Theile sitzen zahlreiche kleine Schmelztropfen, als solche sowohl mit freiem Auge erkennbar, als auch durch die Untersuchung mit einem scharfen Stahle nachweisbar. Mittelst der Loupe wird man an der Oberfläche zahlreiche, kleine, krater- und rinnenformige Vertiefungen gewahr. Nat. Gr.

Fig. 36. Senkrecht auf die Oberfläche gegenüber dem Basaltheile geführter Durchschnitt von derselben Missbildung. Es insinuiren sich von dem der Oberfläche entsprechenden Rande blindsackförmig abgeschlossene Schmelzfalten (a, a), welche sich nebst ihrer bekannten Textur durch eine scharfe Begrenzung und eine theilweise mehr oder weniger gelbe Färbung kennzeichnen. Die Centralmasse dieser Einstülpungen besteht aus einer amorphen, dunklen, anscheinend verkalkten Substanz, höchst wahrscheinlich Resten des Schmelzorganes. In den tieferen Lagen des Gebildes findet man mehr oder weniger dicke Schmelzschichten (b, b, b), welche, den peripheren Bezirken des inselartig angeordneten Zahnbeines folgend, die einzelnen Inseln umsäumen. Der grösste Theil der Missbildung besteht aus Zahnbein, welches in ungleichförmige, unregelmässige, inselartige Gruppen geschieden ist. Die Zahnkanälchen strahlen von Hohlgängen (c, c) aus, welche in ihrem Verlaufe an keine Norm gebunden sind. An der Peripherie der Zahnbeininseln befinden sich Gruppen von Zahnbeinkugeln eingeschaltet. Vollkommen entwickeltes Cement mit Knochenkörperchen kommt an der Peripherie des Schnittes nicht vor; es lassen höchstens einzelne hellere Streifenzüge an den Seitenrändern des Schnittes (bei d, d) die Deutung eines rudimentären Cementes, ähnlich wie am Zahnhalse, zu. Vg. 10.

Fig. 37. Aus einem Querschnitte derselben Missbildung, um die irreguläre Anordnung der Zahnsubstanzen zu zeigen. Der sich von aussen nach innen insinuirende scharf begrenzte Schmelz erscheint hier nach Art eines, einen cystenartigen Hohlraum auskleidenden Epithels (a). Die Prismen in 3—5 fachen Lagen sind quer getroffen. Den centralen Theil des Hohlraumes nimmt eine Globularmasse (b) ein, bestehend aus structurlosen, hyalinen, das Licht stark brechenden, sich gegenseitig deckenden Kugeln, zwischen denen Körnermassen in grösserer oder geringerer Ausdehnung eingeschoben sind. In einer Zone (c), näher gegen das Email, liegen zerstreute hohle, mit strahlenförmigen Ausläufern versehene Gebilde, von denen mehrere den Knochenkörperchen gleichen, andere hingegen nur spindelige, schmale, unregelmässige Erweiterungen von sich ramificirenden Kanälchen sind. Winzige Globularmassen von verschiedener Mächtigkeit sind zwischen der letztbenannten Zone und dem Email gelagert. Nach aussen von der Schmelzlage (a) lagert sich eine Schicht (e), welche erstere umgürtet und als rudimentäres Cement gedeutet werden könnte. Das Zahnbein (d) mit seinen büschelförmig ausstrahlenden, sich ramificirenden, theilweise quer getroffenen Zahnkanälchen ist wohl entwickelt. Vg. 300.

Fig. 38. Aus einem Querschnitte derselben Missbildung. Das die Umsäumung des Zahnbeines bildende Email ist hier mächtiger, von regelmässiger Entwicklung. Die Prismen sind theils ihrer Länge nach (a), theils schief und quer (b) in den

nodules are as those of enamel to be recognized as well with the naked eye, as by examination with a sharp steel. Numerous small crater- and channel-like deepenings are besides to be seen on the surface with a loup. Nat. size.

Fig. 36. Section made perpendicularly on the surface opposite to the base of the same specimen. Folds of enamel not unlike a cylindrical sack (a, a) immerge from the edge corresponding to the surface; they are characterized besides their known texture by a sharp border and a more or less yellow tinge. The central substance of these folds consists of an amorphous, dark, apparently limy mass, perhaps the residuals of the formative organ of enamel. In the deeper parts of that illformed tooth layers of enamel of different thickness (b, b, b) are to be found, which following the peripheries of the dentine skirt the irregular wavy outlines of it. The most considerable part is formed out of dentine, dispersed in asymmetric, irregular isolated groups. The dentinal canaliculi radiate from canals (c, c), which in their course are not bound to any rule. Towards the outlines of these groups of dentine dentinal globules are interjected. A perfect cementum with bony corpuscules is not to be detected; some more transparent stripes on the edges of the section (near d, d) resemble somewhat the rudimental cementum of the neck of a tooth. Magn. 10 diam.

Fig. 37. From a transverse section of the same specimen for showing the irregularities of the dentinal substances. The sharply lined insinuated enamel appears on this place like an epithelium (a) overcasting the internal surface of a cyst. The prisms superposed in 3—5 layers are transversely cut. The central part of that spherical space is a globulated mass (b), consisting of structureless, hyaline superposed globules with a high refracting power, between which a molecular mass is interspersed in a larger or smaller circumference. In a zone (c) nearer to the enamel interjected, hollow radiated corpuscules are to be seen; some of them have some resemblance with the bony ones, others merely are fusiform, irregular slender dilatations of the ramificated dentinal canaliculi. On the outside of the enamel (a) a layer (e) appears, which surrounding the first one might be a rudimentary cementum The dentine (d) with its bushlike radiating canaliculi partly in transverse section is perfectly developed. Magn. 300 diam.

Fig. 38. Out of a transverse section of the same specimen. The enamel bordering the dentine here is larger, of regular formation. The prisms are cut according to their longitudinal axis (a) or oblique and transversely (b). The rather wide den-

3

Schnitt gefallen. Die ziemlich weiten Zahnbeinkanälchen verlaufen büschelweise (c), begegnen gleichnamigen Büscheln und kreuzen sich in ihrem Verlaufe in mannigfachen Richtungen. Man stösst nicht selten auf Zonen (d), wo die Zahnbeinkanälchen in geringerer Anzahl wirr durcheinander laufen und in zackige, polymorphe Hohlräume einmünden, welche man wohl als Knochenkörperchen in Anspruch nehmen muss. Vg. 300.

Fig. 39. (Fall übermittelt von Hrn. Dr. Jarisch.) Querschnitt einer Missbildung von Zahnsubstanzen, welche sich über der Krone eines unteren Weisheitszahnes entwickelte, ähnlich derjenigen in Figg. 34, 35 abgebildeten. Der missgebildete Zahn hat eine rundliche, nach unten abgeplattete Gestalt. Sein Höhendurchmesser beträgt 19 Millim., der Längendurchmesser 21 Millim., der Breitendurchmesser 15 Millim. An seiner aufsitzenden oder Basalfläche bemerkt man eine grubenförmige Vertiefung mit einer etwas vorspringenden aus- und eingebuchteten Leiste, deren Umriss dem Kronenrande des untergelegenen Weisheitszahnes entspricht und deren Substanz einen perlmutterähnlichen Glanz zeigt. Die Oberfläche ist sonst eine drusig höckerige mit zahlreichen Furchen und Buchten; Lücken lassen sich schon mittelst des unbewaffneten Auges entdecken, ebenso winzige, zerstreut liegende Emailtropfen oder an der Oberfläche wie ausgegossene Emailsubstanz.

Die dargestellte Partie, einem der Basalfläche gegenüber liegenden senkrechten Querschnitte entnommen, macht sich durch den Parallelismus der von der Oberfläche eindringenden Hohlgänge (a, a) bemerkbar, welche hie und da von seitlich abgehenden, dünneren oft verkalkten Gängen durchkreuzt werden. Der Querschnitt dieser Gänge und der Hohlräume ist dem Umfange und der Gestalt nach sehr verschieden, und es sind dieselben häufig mit einer schmutzigbraunen oder rothbraunen, braungelben amorphen, oft körnigen Masse erfüllt. Blindsackige Endigungen von Emailsubstanz (wie z. B. bei b) mit einem hellen Saume trifft man überhaupt selten. Die Kanälchen des zwischen den Hohlgängen befindlichen Zahnbeines breiten sich büschel- und fächerartig aus und durchziehen in verschiedenen, zuweilen sich kreuzenden Richtungen die Grundsubstanz. In den peripheren Partien der Systeme der Zahnbeinkanälchen trifft man häufig unregelmässig zackige, mitunter voluminöse, mit einer amorphen dunklen Masse erfüllte Hohlräume, in welche die Zahnkanälchen der Umgebung einmünden. Globularmassen sind in sehr reichlicher Menge vorhanden. Deutlich entwickeltes Cement ist als Lagerungsschichte nicht nachzuweisen; man begegnet bloss wenigen, zerstreut liegenden Knochenkörperchen mit vielstrahligen Ausläufern. Der Schmelz ist an mehrfachen angefertigten Präparaten nur rudimentär in geringer Menge vertreten; am ausgeprägtesten findet er sich an der vorspringenden Leiste der Basalfläche des missgebildeten Zahnes vor. Vg. 30.

tinal rather large canaliculi run in tufts (c) and meeting others they cross in several directions. Zones (d) not seldom occur, where the dentinal canaliculi in smaller numbers are entangled ending in polymorphous indented spaces, which have the appearance of bony corpuscules. Magn. 300 diam.

Fig. 39. (This specimen we owe to the kindness of Dr. Jarisch.) Transverse section of an illformation of substances of a tooth having been developed above the crown of a wisdom-tooth of the lower-jaw; a case similar to that described in Figg. 34, 35. The illformed tooth has a spherical shape, flattened on its inferior part. The high diameter measures 19 Millim., the longitudinal one 21 Mm. the broad one 15 Mm. On the base corresponding to the crown a slight excavation is to be observed with a curved projecting border, the outline of which answers the circumference of the underlain wisdomtooth, and the substance of which shows a shining like a pearl. Small nodules of enamel dispersed on the base and a more diffused substance of enamel, numerous furrows and holes give an irregular appearance to the surface.

The copied part taken from a section opposite the base is remarkable by the parallelism of the canals (a, a) intruding from the surface, which here and there are crossed by other canals branching off laterally, mostly thinner and calcified. The circumference and shape of these canals and holes is very different; they are sometimes filled with a brownish amorphous granular mass. Enamel covering the internal surface of cylindrical hole with a blind end (f. i. near b) and a transparent yellow tinge is rarely to be found. The tubes of the dentine between the mentioned canals are spread like a fan or run in tufts through the substance, crossing each other in several directions. On the periphery of the systems of dentinal tubes irregular pointed spaces of various size and filled up with an amorphous dark mass, very often occur, taking up the ends of the tubes. The dentinal globules are very abundant. A fully developed cementum as a distinct layer is not to be found, there are only a few dispersed corpuscules of bone with many radiating canaliculi. The enamel generally is in a rudimentary state in small quantity to be seen; it is remarkably developed on the projecting border of the base of the illformed tooth. Magn. 30 diam.

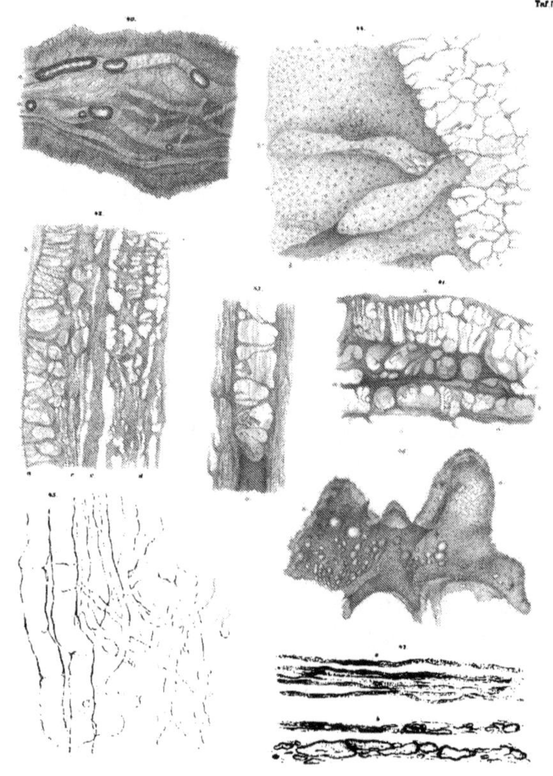

Tafel IV.   Plate IV.

Fig. 40. Segment (Hals- und Wurzeltheil) einer netzförmig atrophischen Pulpe eines Schneidezahnes mit abgeriebenem Kronenrande, offenbar einem älteren Individuum angehörig. An der abgeplatteten, ohne anderweitige Präparation zur Beobachtung untergelegten Pulpe macht sich vor Allem ein oberflächlich gelagertes, netzförmiges, steifes Fasergerüste bemerkbar; fleckenweise schmutzig graubraune verschwommene Trübungen machen letzteres stellenweise unkenntlich. Die verschrumpften Dentinzellen mit kurzen, aus den Zahnkanälchen hervorgezogenen Fortsätzen sind an den Rändern des Präparates streckenweise noch erhalten. Die grösseren Blutgefässe (a, a), welche im Vergleich mit den normalen einen ausgesprochenen serpentinen Verlauf annehmen, sind beträchtlich erweitert, blutleer, und schliessen in ihrem Innern etwelche, mechanisch beim Sprengen eingedrungene Luftblasen ein. Die Wände der Gefässe bestehen aus einer glatten, structurlosen Membran ohne nachweisbare Kerne; der arterielle oder venöse Gefässcharakter ist somit verloren gegangen. An kleineren Gefässen sieht man häufige halsartige Einschnürungen und blindsackige Endigungen. Vg. 20.

Fig. 41. Aus dem Parenchym einer hochgradig netzförmig atrophischen Zahnpulpe. Geschrumpfte, straffe, getrübte Faserbündel (a, a, a mit feinmolekulären Einlagerungen halten eine Längsrichtung ein, und von ihnen aus spannen sich brückenartig quer oder schief gelagerte ähnliche Bündel, welche ihrerseits netzartig sich verbindende Faserzüge abgeben. Dieselben, in Essigsäure nicht mehr quellbar, umspinnen nach der Längsaxe der Pulpe ziehende hellere Räume (b, b), welche aller Wahrscheinlichkeit nach collabirten, verödenden grösseren Gefässkanälen entsprechen. Das hie und da sichtbare, die Faserbündel stärker und die inzwischen ausgespannte, transparente, structurlose Schicht schwächer färbende Blutroth rührt wohl von vorausgegangenen Blutextravasaten her, wobei der Farbstoff des nekrotischen Blutes die atrophischen Gewebe mehr oder weniger tränkte. Vg. 350.

Fig. 42. Seitenansicht der Randpartie einer netzförmig atrophischen Zahnpulpe. Die Dentinzellenlage fehlt hier gänzlich; es ragen nur an manchen Orten (a) kurze, abgerissene Fäden als Reste hervor, welche Fäden offenbar von ihrer Verbindung mit den Fasern der Zahnbeinkanälchen getrennt wurden. An anderen Stellen der Oberfläche wölbt sich ein

Fig. 40. A segment (corresponding to the part of neck and root) of a netlike atrophic pulp of an incisor with edge of crown rubbed off, apparently belonging to a rather old individual. A superficial, netlike, stiff texture of fibres is to be seen without any farther preparation on the flattened pulp and gets here and there more or less opaque by a grey or brown diffused mass. Shrunk dentine cells with short processes drawn out of the dentinal tubes are still preserved on some places of the preparation. The larger blood-vessels (a, a), which in comparison with the normal ones show a distinct serpentine course, are considerably dilated, empty; some air-bubbles have been forced in by sprinkling the tooth. The walls of the vessels consist of a smooth structureless membrane without any nuclei; the arterious or venous character is therefore lost. On the smaller vessels numerous stringlike coarctations and even blind ends are to be found. Magn. 20 diam.

Fig. 41. Out of the parenchyma of a highly netlike atrophic pulp. Bundles of fibres (a, a, a) shrivelled, stiff, muddy with fine molecular interpositions keep a longitudinal direction, and from the first ones equal bundles transversely or obliquely branched off are extended, which on their part supply a network of fibres. These don't swell up in acetic acid, surround transparent spaces (b, b) situated according to the longitudinal axis of the pulp and corresponding most probably to empty collapsed larger blood-vessels. The red colouring substratum of the blood visible here and there give a higher tinge to the bundles of fibres, while the intercalated transparent structureless layer is hardly dyed; it owes its origin to extravasations of blood happened before, whereby the colouring matter of the necrotic blood has imbibed more or less the atrophic texture. Magn. 350 diam.

Fig. 42. Lateral view of the edge of a netlike atrophic pulp. The layer of dentine cells is totally wanting here; only on some places (a) short fibres torn off project as remains, which fibres apparently have been separated from their union with the fibres of the dentinal tubes. On other places of the surface a tender membrane (b) stands out. Stiff bundles of

zartes Häutchen (b) hervor. Gegen die Oberfläche der Pulpa ziehen quer gelagerte, straffe Faserbündel, welche hie und da seitlich abgehende schmälere Bündel abgeben und ein System von Hohlräumen (Alveolen einschliessen. Die nach der Längenaxe der Pulpe verlaufenden Bündel (c, c) lassen keine besondere Textur mehr nachweisen und entsprechen atrophischem Bindegewebe, collabirten verödeten Blutgefässen und eingeschrumpften Nervenröhrenbündeln. Das Parenchym der Pulpe wird von einem analogen Fasergerüste (d, d) gebildet, das Alveolen von den verschiedensten Dimensionen und Formen einschliesst. Diese Alveolen nehmen sich wie mannigfach gestaltete Buchten im Durchschnitte aus und sind, ähnlich wie jene im Knochen vorkommenden, als Producte einer stattgefundenen Resorption des Parenchyms anzusehen. Vg. 350.

Fig. 43. Ein Blutgefäss, wie es in netzförmig atrophischen Pulpen häufig vorzukommen pflegt. An der einen Seite bei a) ist eine blutroth gefärbte homogene Masse sichtbar, von einer starr gewordenen Blutsäule herrührend, welche an ihrem, gegen die Lichtung des Gefässes gerichteten Ende eine Concavität nach Art eines Meniscus zeigt, was wohl auf Rechnung der Adhäsion des klebrigen Blutes an die Gefässwandung bei der Stagnation kommen dürfte. Der blutleere Abschnitt des Gefässrohres ist weiter und von starren, sich begegnenden Faserbündeln überbrückt. Zahlreiche Täfelchen von Cholestearin liegen hie und da zerstreut mit einer feinkornigen, präcipitirten Masse untermengt in der Lichtung des verödeten Gefässes, dessen Wandungen nach Einwirkung von Essigsäure nicht mehr aufquellen, auch keine Kerne wahrnehmen lassen und überhaupt die charakteristischen Merkmale verloren haben. Die Faserbündel, welche die Gefässwandung umhüllen, stehen mit dem alveolären Fasergerüste des Parenchyms der Pulpe in unmittelbarem Zusammenhange. Vg. 350.

Fig. 44. Oberflächliche Partie aus einer netzformig atrophischen Pulpe eines cariösen Unterkiefermahlzahnes. Das Parenchym der Pulpe war durch den cariosen Process bis auf ein die Wandung der Pulpahöhle zum Theil auskleidendes, zartes, sich anspannendes, adhärirendes Häutchen zerstört. An dem abgezogenen Häutchen lassen sich folgende Schichten unterscheiden: 1) Eine der inneren Zahnbeinoberfläche mehr oder weniger angelöthete, hochgradig atrophische Dentinzellenschichte (a, a), welche in einen structurlosen, diaphanen, hautartigen Ueberzug mit den in ziemlich regelmässigen Abständen stehenden quer abgerissenen Dentinzellenfortsätzen umgestaltet ist. Dieselben haben die Gestalt von winzigen glänzenden Wärzchen. 2) Unterhalb dieser Schichte liegen einige dünnwandige, mit varikosen Ausdehnungen versehene Blutgefässe, von denen eines (b) in seinem Innern eine compakte, blutroth gefärbte, an ihrem Ende eine Concavität nach Art eines Meniscus zeigende Säule beherbergt; ein andres leeres Blutgefäss (b') schliesst an seinem blindsackigen Ende eine Gruppe von Cholestearintäfelchen ein. Die beiden genannten Schichten, nämlich die Dentinzellenschichte, von der hie und da noch erübrigte, durch Nebeneinanderlagerung mosaikartig abgegrenzte Polygone ein ferneres Zeugniss ablegen, und die oberflächliche Gefässschichte sind von dem unterliegenden Stratum abgezogen und von rechts nach links

fibres run in a transverse direction towards the surface of the pulp; the larger bundles ramifying into smaller ones include a system of alveoli. The bundles (c, c) following the longitudinal axe of the pulp don't show any particular texture and are but atrophic connective tissue, collapsed empty bloodvessels and corrugated bundles of nerves. The parenchyma of the pulp is formed of an analogous network of fibres (d, d), including alveoli of different size and form. These alveoli cut transversely look like manifold holes and are similar to those in the bones products of a foregone resorption of the parenchyma. Magn. 350 diam.

Fig. 43. A blood-vessel, as it occurs very often in the netlike atrophic pulps. On one side (near a) a bloody tinged homogeneous mass is to be seen, drawing its origin from a numbed column of blood, which shows a concavity like a meniscus in the interior of the vessel owing it to the adhesion of the glutinous blood to the wall of the vessel in the period of stagnation. The empty part of the vessel is larger and overbent by stiff encountering bundles of fibres. Numerous small plates of cholestearine are scattered about here and there and mixed with a fine molecular precipitated mass in the interior of the wasted vessel, the walls of which don't show any nuclei after reaction with acetic acid and have generally speaking lost their characteristics. The bundles of fibres overbending the wall of the vessel are connected with the alveolar network of the parenchyma of the pulp. Magn. 350 diam.

Fig. 44. Superficial part out of a netlike atrophic pulp of a carious molar-tooth of the under jaw. The parenchyma of the pulp is destroyed by the caries resting only a thin membrane adherent to the wall of the pulp cavity partly overcasting the latter. The following layers are to be distinguished on the isolated membrane: 1) a layer of dentine cells (a, a) in a highly atrophic state annexed to the internal surface of the dentine metamorphosed in a structureless, diaphane, membranous cover with the overhanging processes of dentinal cells in regular distances torn off. The processes mostly have the form of small brilliant warts. 2) Underneath that layer some bloodvessels with tender walls and varicous dilatations can be discerned; one of these blood-vessels (b) contains in its interior a compact, bloody tinged column with a concave outline on the end; another empty blood-vessel (b') includes in its blind sacked end a group of small plates of cholestearine. The two mentioned layers, namely the layer of dentine cells, for the proof of which besides some patches of polygons like a mosaic may be alleged, and the superficial layer of vessels have been separated from the inferior stratum and overturn from the right to the left hand. 3) The netlike layer (c, c) consists of cells of connective tissue with shrivelled nuclei and processes united to a network. Magn. 350 diam.

geschlagen. 3) Die netzförmige Schicht (c, c) besteht aus
egewebszellen mit verschrumpfenden Kernen und netz-
verbundenen Fortsätzen. Vg. 350.

Fig. 45. Blutgefässe von derselben netzförmig atrophi-
a Zahnpulpe. Dieselben zeichnen sich durch ein verhält-
nässig weites Caliber, eine dünne Wandung mit Einbusse
arteriellen oder venösen Gefässcharakters, häufige, von
überlaufenden, straffen Faserzügen herrührende Ein- und
chnürungen, variköse oder seitliche sackige Ausdehnungen,
penartige Auswüchse und eine im Allgemeinen vorwaltende
teere aus. Ihr Verlauf ist meist ein unregelmässiger mit
n eng aneinander gerückten knäuelartigen Windungen,
ich jenem, wie man ihn bei Teleangiectasie zu sehen
t. Vg. 60.

Fig. 46. Netzförmig atrophischer Pulpakörper mit zahl-
en Kalkablagerungen aus einem Unterkiefermahlzahne.
eine längere Papille (a) ist abgeplattet und besitzt noch
a solchen Grad von Transparenz, dass die netzförmige
ildung deutlich zum Vorschein kommt gegen den Grund
Papille; an den Rändern ist letztere hingegen von palli-
irmig angereihten Streifen durchzogen, wodurch die Rand-
en ein gekraustes Ansehen erlangen. Die andere breitere
lle (b) ist minder durchscheinend, verschwommen wolkig
ibt; an ihrem Grunde und insbesondere gegen die Pulpa-
zel hin liegen zahlreiche, das Licht stark brechende, helle
kdrusen verschiedenen Umfanges von rundlicher, ellip-
scher, walzenförmiger Gestalt. Auch an anderen Orten
Pulpakörpers sind in dem zähen, trockenen, getrübten
aparenchym zerstreute Kalkkörper eingebettet. Die kleine
sche Papille sitzt zwischen den beiden grösseren mit
er Basis auf. Vg. 12.

Fig. 47. Nérvenröhrenbündel aus einer atrophischen
awurzel: a) mehrere Nervenröhren, deren Mark in eine
e, fettkörnige, gleichmässig das Rohr erfüllende Masse zer-
n ist; b: Nervenröhrenbündel, welche durch sie begleitende,
elagerte Kalkkrümel von meist gestreckter Form an der
egenden Stelle grösstentheils verdeckt und hiedurch un-
itlich geworden sind. Vg. 350.

Fig. 45. Blood-vessels from the same netlike atrophic
pulp. These are distinguished by a proportionally wide caliber,
a thin wall, the loss of the arterious or venous character, frequent strictures produced by transversely running straight fibres,
varicous and lateral sacklike dilatations, knotlike excrescences
and a generally predominating emptiness of blood. Their de-
cursion mostly is an irregular one with many hanked wind-
ings, similar to that of teleangiectasia. Magn 60 diam.

Fig. 46. Netlike atrophic body of the pulp with numerous
deposits of lime out of a molar-tooth of the under-jaw. The
one longer papilla (a) is flattened and still has such degree of
transparency, that the netlike deformity is quite apparent
even on the base of the papilla, whilst the edges of the latter
have a striated somewhat crisped appearance. The other
broader papilla (b) is less transparent, muddy on its base;
towards the root of the pulp especially numerous light con-
globations of lime of different size and of a round, ellipsoidal,
cylindric shape are imbedded. Corpuscules of lime are likewise disseminated on other parts of the body of the pulp in
the tenacious, dry, muddy parenchyma. The small conical
papilla lies with a broad base between the two larger ones.
Magn. 12 diam.

Fig. 47. Bundles of nervous tubes out of an atrophic
root of the pulp; a) several nervous tubes, the marrow of
which is decayed in a muddy, fatty globulated mass equally
filling up the tube; b) bundles of nervous tubes, which are
mostly covered and hardly to be recognized by inlaid crumbs of
lime of a mostly elongated form accompanying the tubes.
Magn. 350 diam.

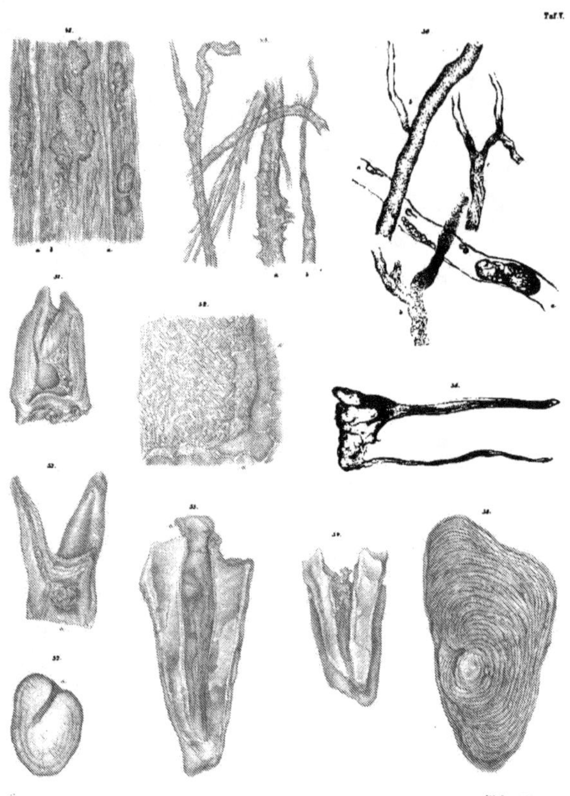

Tafel V.

Fig. 48. Kalkconcremente aus der Pulpawurzel eines
senilen Zahnes. Dieselben sind bald abgerundet, oval, mit
mehrfachen drusigen Höckern besetzt, bald gestreckt, an einer
oder an beiden Seiten in eine Spitze auslaufend. Nicht selten hat es das Ansehen, als ob mehrere früher getrennte Concremente durch spätere Anlagerungen verbunden worden wären.
Die Dimensionen wechseln von winzigen Kornchen (bei *b*)
bis zu unförmlichen Klumpen (bei *c*). Letztere zeigen häufig
spaltenartige Klüfte und mannigfache Einschnürungen. Zuweilen ramificiren sich schmale walzenförmige Concremente
nach Art von Pilzfäden. Ein getrübtes atrophisches Bindegewebe umhülst die Concremente und lässt hie und da noch
Nervenbündel oder Blutgefässe mit ihren Lichtungen (*a, a*)
erkennen. Vg. 350.

Fig. 49. Kalkig incrustirte Blutgefässe aus der chro-
nisch verfetteten Pulpe eines rechten unteren festsitzenden,
vollkommen gesunden Eckzahnes, der einem 60jährigen Individuum wegen eines projectirten Gebisses entfernt wurde.
Die Kalkmasse, welche die Gefässe umhülst, erstreckt sich
entweder auf einzelne Abschnitte derselben oder selbst auf
Ramifikationen (in selteneren Fällen). Sie verleihet denselben
ein starres Ansehen, einen hohen Grad von Brüchigkeit und
eine rauhe Oberfläche; man sieht häufig Drusen oder unregelmässige Zacken mit scharfer Spitze nach aussen hervorragen (*a*).
Die Kalkhülse ist an manchen Gefässen nur eine gewisse
Strecke lang zu verfolgen, und es setzt sich das verschrumpfte
Gefäss sodann frei von der starren Hülse fort (*b*). Die letztere nimmt auch zuweilen ein zersplittertes Ansehen an (*c*).
Vg. 350.

Fig. 50. Thrombose in Blutgefässen einer atrophischen
Pulpawurzel, wie sie zuweilen in Pulpen seniler oder in Resorption begriffener Milchzähne vorkömmt. Die Gefässe sind
in einer grösseren oder geringeren Ausdehnung anscheinend ganz oder nur theilweise von einer fremden Masse ob-
struirt, welche sich in morphologischer Beziehung verschieden verhält. Es finden sich nämlich vielgestaltige, abgerundete, glatte, das Licht stark brechende, colloide Körper
vor, welche bald die ganze Lichtung des Gefässes erfüllen,
bald nur dessen Innenseite in geringer Ausdehnung begleiten
und daselbst angelagert sind (*a, a*). Anderseits trifft man
eine das Gefäss obstruirende feinkörnige, einem präcipitirten
Eiweisskörper gleichende Masse an, in welcher fettig glänzende

Plate · V.

Fig. 48. Concrements of lime out of the rooty part of
the pulp from an old person. They are now round, oval, beset with several protuberances, otherwise elongated terminating
in a point on one or both sides. Often it has the appearance,
as if several concrements formerly separated had been united by later layers. The dimensions change from a minute
granule (near *b*) to a formless clump (near *c*). The latter
often show clefts and manifold incisures. Narrow cylindric
concrements sometimes are ramified not unlike threads of a
fungus. A muddy atrophic connective tissue invaginates the
concrements and shows here and there still recognizable bundles of nerves or blood-vessels with their openings (*a, a*). Magn.
350 diam.

Fig. 49. Blood-vessels incrustated by lime from a chronic, fatty degenerated pulp of a right well fixed, perfectly sound
canine of the lower jaw extracted from an individual of about
sixty years on account of a projected set of teeth. The mass
of lime enveloping the vessels extends either on singular segments of them or even on their ramifications (in rarer cases); it
gives them a stiff appearance; a high degree of brittleness and
a rough surface; rounded protuberances or irregular lines with
sharp points are to be seen on the outside (*a*). The envelop
of lime is to be followed only at a certain distance on some
vessels, and the shrunken vessel continues then free from the
stiff covering (*b*). The latter has sometimes a shivered appearance (*c*). Magn. 350 diam.

Fig. 50. Thrombosis in blood-vessels of an atrophic
rooty part of a pulp, as it sometimes occurs in pulps of old permanent or temporary teeth which are in the state of absorption.
The vessels are obstructed in a larger or smaller extension totally
or partly by a heterogeneal mass appearing in different ways.
There are to be found colloid corpuscules, multiform, rounded,
smooth with a high refracting power either filling the whole interior
of the vessel or overcasting the internal wall in a small distance
and fixed thereon (*a, a*). On other places a fine molecular
mass is to be observed similar to precipitated albumine ob-
structing the vessel and showing fatty globules suspended (*b, b*)
in larger or smaller quantity. Sometimes numerous bunches of
crystals (Cholestearine, Margarin?) adhere on the inside of the

Körner in grösserer oder geringerer Menge suspendirt sind (*b, b*). Zuweilen erkennt man innerhalb der Gefässe zahlreiche Krystallbüschel (Cholestearin, Margarin?), welche ebenso wie die früher genannten Substanzen als wahrscheinliche Zersetzungsprodukte des Blutes anzusehen sind. Vg. 350.

Fig. 51. Verkalkungen der Pulpawurzeln eines oberen gerieften Mahlzahnes. In den beiden eröffneten Wurzelkanälen sind die betreffenden Antheile der Pulpa in ein resistentes, von zahlreichen Kalkkörnern durchsetztes, streifiges und netzförmiges Gewebe umgewandelt; dasselbe erstreckt sich einerseits auch in die Pulpahöhle, in welcher man einen cystenartigen, abgerundeten, grösseren, glattwandigen Hohlraum beobachtet. Derselbe ist durch ein quer sich überspannendes Häutchen von einer analogen, bis zum Boden der Pulpahöhle sich erstreckenden spaltförmigen Cavität getrennt. Vg 2.

Fig. 52. Verkalkung aus der Pulpawurzel eines Mahlzahns. Es fanden sich in dem zu einer verschrumpften Bindegewebsmasse umgewandelten Parenchym des betreffenden Pulpatheiles zwei, etwa ¼ — ⅓ Millim. im Durchmesser haltende resistente Körner eingebettet vor, welche, von dem sie umgebenden Bindegewebe befreit, an ihrer intacten Oberfläche eine sehr nette, netzförmige Verkalkung zeigen. Die sich ramificirenden Bälkchen treten wie eine aufgetragene Filigranarbeit als Erhabenheiten hervor und umschliessen theils längliche spaltförmige, theils rundliche kleine Buchten. An dem einen Abschnitte (*a, a*) der Peripherie des Kalkkornes beobachtet man muldenförmige Excavationen, welche durch leistenförmige, sie trennende Vorsprünge ein honigwabenartiges Ansehen darbieten und an analoge Vorkommnisse am Cement bei in Resorption befindlichen Zahnwurzeln erinnern. Vg. 600.

Fig. 53. Mahlzahn des Oberkiefers mit so stark abgenützter Krone, dass der Schmelz der Kaufläche nur mehr an einzelnen inselförmigen Stellen (*a*) erhalten blieb. Der durch die innere Wurzel und durch die Krone excentrisch zwischen den beiden äusseren Wurzeln geführte Schnitt zeigt den Wurzelkanal mit drusigen, grossentheils an der Wand aufsitzenden und netzartig agglomerirten, bei reflectirtem Licht weissen Kalkincrustationen besetzt. Der Kronentheil enthält ein Segment des durch eine von aussen eindringende *caries* zersetzten, theilweise knorpelig erweichten und graubraun verfärbten Zahnbeines. Vg. 2.

Fig 54. Warzige Dentinneubildung auf der Wurzelwand der Pulpahöhle mit einem Stiele sitzend von einem Unterkiefermahlzahn. Mehrere, dem Zahnbeine breit aufsitzende, warzige Erhebungen kommen an dem oberen Theile des geöffneten Wurzelkanales zum Vorschein. Die Neubildungen sind an ihrer Oberfläche glatt, abgerundet, bernsteinartig durchscheinend. Vg. 2¼.

Fig. 55. Eine die Pulpahöhle nahezu ausfüllende, oberflächlich glatte Dentinneubildung (*a*) mit der aufgesprengten einen Wurzel eines Unterkiefermahlzahnes. Die im Wurzelkanal verlaufenden Blutgefässe sind stellenweise mit beim Sprengen des Zahnes mechanisch eingedrungenen gestreckten

vessel and might be considered as well as the before-named substances as products of decomposed blood. Magn. 350 diam.

Fig. 51. Calcifications of the pulp in the roots of a transversely grooved molar of the upper-jaw. The corresponding parts of the pulp in the opened canals of the roots are metamorphosed in a resistant striped and netlike tissue with numerous intermixed globules of lime; that tissue likewise continues into the cavity of the pulp, where a rounded cystlike hole with a smooth wall is to be observed. The hole is separated by a transversely stretched membrane from an analogous cleft like one reaching the bottom of the pulp-cavity. Magn. 2 diam.

Fig. 52. Calcification of the rooty part of the pulp in a molar. There were found two ¼-⅓ Millim. in diameter hard grains imbedded in shrivelled connective tissue, the transformed parenchyma of the pulp. These grains laid open to view show a nice, netlike, very minute calcification on their untouched surface. The ramificated stria protuberate like superposed filigrane and surround oblongated small clefts or rounded holes. Trough-like excavations are to be seen on a segment (*a, a*) of the periphery of the grain and remind one of analogous occurrences on the cementum of roots in a state of resorption by their honey-combed appearance produced by bordered separating protuberances. Magn. 600 diam.

Fig. 53. A molar of the upper-jaw with a crown so worn away by use, that the enamel of the masticatory surface has only remained on some isolated places (*a*). The section excentrically made through the internal root and the crown between the two external roots shows the canal of the root beset with spherical incrustations of lime, mostly adhering to the wall and agglomerated like a net, of a white colour by the reflected light The crown comprehends a segment of dentine, decomposed by caries penetrating from outwards, partly softened like cartilage and of a grey-brownish colour. Magn. 2 diam.

Fig. 54. Wartlike new-formation of dentine fixed with a small pedicle on the wall of the pulp-cavity towards the root belonging to a molar of the under-jaw. Several wartlike protuberances fixed on the dentine with a large base appear on the upper part of the opened canal of the root. The new-formations are smooth on their surface, rounded and transparent like yellow amber. Magn. 2¼ diam.

Fig. 55. A superficially polished new-formation of dentine (*a*) nearly filling up the pulp-cavity with the opened root of a molar of the under-jaw. The blood-vessels running in the canal of the root are partially extended by stretched air-bubbles, mechanically forced in by splitting the tooth, and

lasen erfüllt und darum deutlicher erkennbar. Um die ildung (a) schlängeln sich verkümmernde, weite Blutge- der in netzförmiger Atrophie begriffenen Pulpareste. kappenförmige, durch eine Furche in zwei Abtheilungen iedene Hervorragung neugebildeter Zahnbeinsubstanz t sich an dem oberen Viertheil des Zahnkanals bemerk- Vg. 5.

Fig. 56. Atrophische Pulpe mit eingeschlossenen Den- ubildungen aus einem Oberkiefermahlzahne. Die dritte awurzel wurde zufällig abgerissen. In dem gegen den entheil abgeflachten Pulpakörper wird man mehrere, in mmenhang stehende, von einer zarthäutigen Parenchym- ht überzogene, lappig höckerige, hervorragende Hartge- gewahr, welche, den Pulpakörper grossentheils ausfüllend, bernsteinartige Transparenz besitzen. An dem Ueber- e in die eine dickere Pulpawurzel sind einige kleinere nförmige Hartgebilde in der getrübten Pulpa eingebet- Vg. 5.

Fig. 57. Durchschnitt einer einfachen, encystirten, klei- Dentinneubildung aus dem Parenchym einer atrophischen e. Das atrophische Parenchym umgibt die Peripherie der ildung und dringt in einen blind endigenden Kanal (a) der ziemlich weit vordringt und mit einer undeutlich strei- , tiefgelben Masse erfüllt ist. Von der abgerundeten Peri- ie aus verzweigen sich verhältnissmässig wenige, centri- verlaufende Zahnkanälchen, meist in Büscheln aggre- Die concentrische Schichtung der Grundsubstanz ist ich ausgeprägt. Vg. 20.

Fig. 58. Querschnitt einer abgestumpft dreieckigen Den- ubildung, welche die Pulpahöhle eines an der Krone stark riebenen Unterkiefermahlzahnes grösstentheils erfüllte. der Oberfläche der Neubildung konnte man ein zartes chen gewahr werden, welches einen lose anhängenden rzug bildete, so dass auf mechanische Weise eingetriebene bläschen durch Druck hin und hergetrieben werden konn- Eine Fortsetzung von dem die Wurzelkanäle ausklei- en, atrophischen Gewebe spannte sich zeltartig über die ildung. Der Querschnitt zeigt einen seitlich gelagerten a und eine exquisit hervortretende concentrische Schich- mit spaltähnlichen Zwischenräumen. Die Zahnkanäl- des Kernes sind quer in den Schnitt gefallen, während der concentrischen Lagen wohl hauptsächlich eine centri- e Richtung einhalten, jedoch häufig in den Zwischenräu- der Schichten ziehen oder in schiefen Richtungen durch oncentrischen Lagen der verkalkten Grundsubstanz sich en. Vg. 20.

therefore more evident. Large blood-vessels in decay wind about the new-formation (a); the remains of the pulp are in a netlike atrophic state. Another new-formation of dentine not unlike a cap divided by a groove into two parts is to be ob- served on the upper part of the canal of the root. Magn. 5 diam.

Fig. 56. An atrophic pulp with included new-forma- tions of dentine out of a molar of the upper-jaw. The third root of the pulp accidentally has been torn off. Several con- nected and lobulated projecting hard formations covered with a thin membranous layer of parenchyma are to be seen in the body of the pulp towards the crown. These formations mostly fill up the body of the pulp and have a transparency like yel- low amber. Some smaller cylindrical similar formations are imbedded in the muddy pulp on the transition into the thicker root of the pulp. Magn. 5 diam.

Fig. 57. Section of a simple, small, encysted new-for- mation of dentine out of the parenchyma of an atrophic pulp. The atrophic parenchyma surrounds the periphery of the new- formation and penetrates a canal with a blind end (a), which advances deeply and is filled up with an indistinct striated yellow mass. Proportionally a few, centripetally running dentinal tubes ramify mostly aggregated in bunches from the rounded periphery. The concentric disposing into strata of the inter- tubular substance of dentine is quite evident. Magn. 20 diam.

Fig. 58. Transverse section of a bluntly triangular new- formation of dentine, which mostly filled up the pulp-cavity of a molar with a crown much rubbed off of the under-jaw. A delicate membrane was laid over the surface of the new-forma- tion loosely adhering in such a way, that air-bubbles intruded mechanically could be moved by pressure from one side to the other. A continuation of the atrophic tissue overcasting the canals of the roots spread tent-like over the new-formation. The transverse section shows a laterally situated central part (nucleus) and an exquisite disposition into strata with cleft- like spaces. The dentinal tubes of the central part have been cut transversely, whilst those of the concentric layers princi- pally follow a centripetal direction, but often run in the spaces uniting the layers in a concentric or oblique direction crossing the strata of the calcified intertubular substance. Magn. 20 diam.

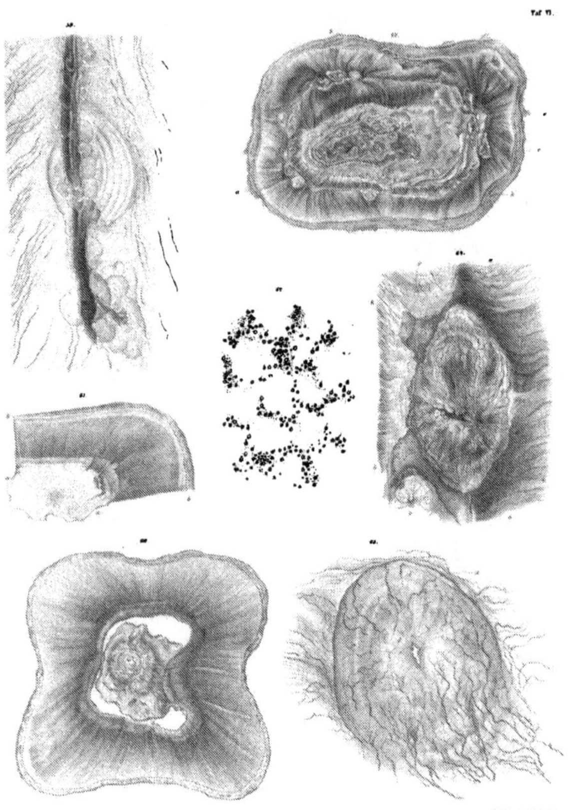

Gez. u. lith. v. Dr C. Heitzmann.

Lith. Anst v. F. Eike, Wien.

Tafel VI.

Fig. 59. Ein mit eingetrocknetem Blute erfüllter, in zwei blinde Enden auslaufender Kanal im Zahnbein mit anscheinenden globulären Anlagerungen aus einem Querschnitte der Wurzel eines oberen Backenzahnes, ohngefähr 3 Millim. von der Wurzelspitze entfernt. Die Aussenfläche der letzteren gewährt ebenso wie die Innenseite des Wurzelkanales alle Anzeichen einer vor sich gehenden Resorption, nämlich zahlreiche, in einander greifende, in die betreffenden Substanzen, das Cement und Zahnbein sich insinuirende muldenförmige Excavationen. Man könnte desshalb versucht sein, die obbenannten globulären Anlagerungen gleichfalls als Resorptionserscheinungen hinzunehmen. Es spricht jedoch der optische Eindruck nicht für Excavationen, auch findet man mehrere analoge, von winzigen Kalkdrusen obstruirte Kanäle umlagert von ähnlichen, scharflappig gegen das Zahnbein begrenzten Kalkablagerungen an anderen Stellen des Schnittes. Der vorgezeichnete blutführende Kanal nimmt seinen Ursprung aus dem Wurzelantheile der Zahnpulpe und ist mit einem hellen Saume von zackiger Begrenzung umgeben. Eine beginnende Anlagerung von glänzenden Kalkkörnern ist daselbst zu beobachten. Die den blutführenden Kanal begleitenden Verkalkungen bestehen aus sphäroidischen, „durchscheinenden, scharf begrenzten, lappenartig sich gegenseitig deckenden Massen mit einer feinkörnigen Grundlage, welche an einer umfangreicheren ein strahlig concentrisches Gefüge zeigt. Vg. 350.

Fig. 60. Querschnitt vom Halse eines an seiner Kaufläche stark abgeriebenen Unterkiefermahlzahnes mit einer die Pulpahöhle beinahe ganz erfüllenden, hockerig drusigen, bernsteinartig durchscheinenden, an einigen Stellen mit dem Zahnbeine innig verwachsenen Dentinneubildung. Dieselbe besitzt einen seitlich gelegenen Kern mit concentrischen Schichten; die in ihr liegenden, hochgradig entwickelten Zahnbeinkanälchen nehmen eine vorwiegend centripetale Richtung mit steilen, wellenformigen, ungleichmässigen Excursionen, wobei sie sich häufig in pinselförmige Zweigchen auflösen. Nebst dem Hauptkern sieht man auch einen Nebenkern mit zwischen beiden eingeschobenen Systemen von Zahnkanälchen. Eine Demarkation der Kanälchen des ursprünglichen und neugebildeten Zahnbeines ist ausgeprägt, und es findet ein Uebergang ihrer Systeme nicht statt. Gegen den Rand der Neubildung macht sich ein mit pigmentirten organischen Ueberresten und Kalkkörnern erfüllter, schief getroffener Hohlgang mit einer scharfen Begrenzungsschichte bemerkbar. An parallelen Schnitten derselben Neubildung lassen sich von deren Peripherie nach innen vordringende, scharf begrenzte, gegen die neue Zahnbeinlage hin zuweilen gekerbte Hohlgänge mit einer hie und da noch darstellbaren, sie auskleidenden Membran wahrnehmen. Vg. 7.

Fig. 61. Querschnitt vom Halse eines an der Krone abgeriebenen Unterkiefermahlzahnes sammt der mit dem Zahnbeine innig verschmolzenen Dentinneubildung (a, a). Dieselbe zeichnet sich gegenüber dem Zahnbeine mit seinen strahlig verlaufenden Kanälchen durch eine auffällige Transparenz aus und lässt bei stärkerer Vergrosserung an der Uebergangszone in das Zahnbein stellenweise Globularmassen mit dunklen Interglobularräumen gewahr werden. b, b entspricht der Schmelzschichte. Vg. 7.

Fig. 62. Von dem vorigen Querschnitte der Dentinneubildung. Derselbe lehrt, dass die Zahnkanälchen un-

Plate VI.

Fig. 59. A canal with two blind ends in the middle of the dentine filled with blood dried up inside and apparently globular appositions outside out of a transverse section of a bicuspid of the upper-jaw, distant from the top of the root about 3 Millim. The external surface of the latter as well as the inside of the canal of the root warrants all the signs of a resorption having taken place, namely numerous hemisphericial excavations pushed one into the other insinuated into the substance of the cementum and dentine. Therefore one might be tempted to take likewise the mentioned globular appositions as symptoms of resorption. But the optic impression does not answer here for excavations, besides several analogous canals are to be found obstructed by tiny grains of lime and surrounded by similar depositions of lime marked with a sharp lobulated line towards the dentine on other places of the cut. The designed canal carrying blood takes its origin from the rooty part of the pulp and is surrounded with a clear border of an indented outline. There is to be observed the beginning of an apposition of bright grains of lime. The calcifications attending the blood-carrying canal consist of spheroidal, transparent, sharplined, lobulated masses covering each other consisting of a very minute granulated substance, which shows radiated concentric layers on a larger one. Magn. 350 diam.

Fig. 60. Transverse section taken from the neck of a molar highly worn out on its masticatory surface of the underjaw; a rugged new-formation of dentine, diaphanous like yellow amber nearly fills up the cavity of the pulp and is intimately united with the dentine on some places. That formation has a sort of nucleus lying laterally with concentric layers; the highly developed dentinal tubes seated therein principally follow a centripetal direction with steep, wavy, irregular excursions often dividing themselves at once into brushlike branches. Besides the mentioned principal nucleus an adjacent nucleus is to be seen with systems of dentinal tubes intruded between the two nuclei. A demarcation is evident of the tubes of the original and newformed dentine, and a transition of their systems is not to be found. A canal obliquely cut and filled up with pigmented organic remains and grains of lime is to be observed with a well-marked line towards the edge of the new-formation. Parallel cuts of the latter show well defined canals advancing from the periphery inwards sometimes notched towards the new dentine, provided here and there with a lifted overcasting membrane. Magn. 7 diam.

Fig. 61. Transverse section from the neck of a molar worn out on its crown of the under-jaw together with a new formation of dentine (a, a) melted into the original dentine. That formation compared with the dentine is distinguished by a striking transparentness and by using a higher power here and there shows globular masses with dark interglobular spaces on the zone of transition into the dentine. b, b corresponds to the enamel. Magn. 7 diam.

Fig. 62. From the same section of the new-formation of dentine. It gets evident, that the dentinal tubes are distri-

gleichmässig vertheilt sind und kreisförmige helle Flecken der Grundsubstanz umschliessen; welche Flecken bald kleiner, bald grosser, mitunter verschiedenartig verzogen erscheinen. Die Richtung im Verlaufe der Zahnkanälchen ist in der Neubildung durchwegs eine andere, als im Zahnbeine; die Kanälchen sind nämlich in dem vorliegenden Schnitte der Neubildung quer und schief getroffen, während diejenigen des Zahnbeines mit ihrer Längsrichtung in den Schnitt gefallen sind. Vg. 500.

Fig. 63. Querschnitt der verschmolzenen Wurzeln (4 Millim. von deren Spitze) eines wegen *caries* gezogenen oberen missgebildeten Mahlzahnes mit Cementhypertrophie und zahlreichen Dentinneubildungen an den nahezu obstruirten Wurzelkanälen. An den verschmolzenen Wurzelspitzen hatte sich eine kraterförmige Vertiefung gebildet. Der Schnitt zeigt eine doppelte ringförmige Cementlage, deren innere den Alveolartheil umschliesst. Die Pulpa befindet sich im Zustande der netzförmigen Atrophie und ist von zahlreichen Kalkkörnern und einigen Dentinneubildungen durchsetzt. Am Rande des Schnittes beobachtet man zahlreiche Ueberreste der eingerissenen, verdickten und getrübten Wurzelhaut (a, a). Das Cement ist von ungleichförmiger Mächtigkeit, an manchen Stellen (b, b) aus mehrfachen Lagen zusammengesetzt Zwischen der äusseren breiteren und inneren schmäleren Zahnbeinzone sind viele abgerundete kleine Dentinneubildungen mit zuweilen zapfenartigen Auswüchsen (c) eingelagert und zeigen meist eine hellere corticale Schicht an ihrer Verbindungsstelle mit dem Zahnbeine und eine dunklere centrale von den Radiationen der Zahnbeinkanälchen. Nach einwärts von der inneren Zahnbeinzone liegt die feingetüpfelt sich ausnehmende, beträchtliche innere Cementschichte, welche sich hie und da tief in das Zahnbein einsenkt Im Centrum des Querschnittes befinden sich die in den Schnitt gefallenen Reste der betreffenden Alveolartheiles des Oberkiefers mit dem inneren Abschnitte der hypertrophischen Wurzelhaut. Vg. 6.

Fig. 64. Dentinneubildungen von dem vorigen Querschnitte. Zwischen der äusseren (a, a) und der inneren (b, b) Zahnbeinzone sind eine grössere und zwei Segmente von kleineren Dentinneubildungen (c, c) sichtbar. Die erstere von den dreien zeigt einen gestreckten, unregelmässig zackigen, dunklen, mit amorphen Kalksalzen erfüllten Hohlraum. Die Zahnbeinkanälchen der Neubildung sind strahlenförmig angeordnet, haben im Allgemeinen einen centripetalen Verlauf mit ungleichmässigen, wellenförmigen Excursionen und kennzeichnen sich gegenüber denjenigen des alten Zahnbeines, in welche kein Uebergang statt findet, durch ein häufigeres Abweichen von der Symmetrie. Die Grundsubstanz des neuen Zahnbeines ist hie und da fleckig getrübt. In den beiden kleineren Neubildungen tritt eine concentrische Schichtung deutlich hervor. Vg. 350.

Fig. 65. Dentinneubildung nahe der Einmündung des einen Wurzelkanales in die Pulpahöhle von einem Oberkiefermahlzahn. Sie zeichnet sich durch einen vorwiegend centripetalen Verlauf der Zahnbeinkanälchen gegen den in der Mitte gelegenen spaltartigen Hohlraum aus. Die Kanälchen sind in weitere Distanzen, als dies im normalen Zahnbein der Fall ist, gerückt, in ihren Dichotomirungen unregelmässiger und lösen sich hie und da in büschelförmige Reiserchen auf. Die concentrischen und die von dem Centralraume ausgehenden, radialen Streifungen der Grundsubstanz treten um so deutlicher hervor. Die Demarkationslinie gegen das Zahnbein und zum Theil gegen analoge Neubildungen macht sich durch eine elliptische Curve (a) kenntlich. Vg. 500.

buted in an unequal manner and enclose circular clear spots of the intertubular substance, which spots now smaller, now larger, seem sometimes distorted in various manners. The direction in the course of the dentinal tubes thoroughly is different in the new-formation to the dentine; the tubes of the first one have been cut transverse and obliquely in the present specimen, whilst those of the second one fell into the cut with their longitudinal direction. Magn. 500 diam.

Fig. 63. Transverse section of united roots in a distance of 4 Millim. from their tops of a deformed molar of the upper-jaw with a hypertrophic cementum and numerous new-formations of dentine lying on the almost obstructed canals of the roots. The tooth was extracted on account of caries. A craterlike deepening has been formed on the melted tops of the roots. The section shows a double ringlike layer of cementum; the internal one surrounds the particle of the alveolus. The pulp is in a state of netlike atrophy and includes many grains of lime and some new-formations of dentine. On the border of the section remains of the torn, thickened and darkened membrane of the root (periost of the alveolus a, a) are to be seen. The cementum is of a disproportional thickness, composed of multiplied layers on many places (b, b). Several rounded small new-formations of dentine with sometimes conical protuberances (c) are laid between the external broader and internal narrower zone of original dentine and mostly show a clearer cortical layer on their union with the dentine and a darker central one with the minute ramifications of the dentinal tubes. Inwards to the internal zone of dentine the considerable internal fine-dotted layer of cementum is deposed, which here and there deeply immerses into the dentine. In the centre of the section the remains of the corresponding part of the alveolus of the tooth are visible with the internal segment of the hypertrophic periost. Magn. 6 diam.

Fig. 64. New-formations of dentine from the precedent section. One larger and two segments of smaller new-formations of dentine (c, c) are to be observed between the external (a, a) and internal (b, b) zone of dentine. The larger of the three formations shows an elongated, irregularly indented, dark hole filled with amorphous lime. The dentinal tubes of the new-formation have a radiated arrangement, generally a centripetal arrangement with unequal wavylike excursions and are characterized by a frequent want of symmetry in comparison with those of the genuine dentine, into which no transition has taken place. The intertubular substance of the new dentine is spotted here and there. Concentric strata are quite evident in the two smaller formations. Magn. 350 diam.

Fig. 65. New-formation of dentine near to the inosculation of one of the canals of the roots into the pulp-cavity from a molar of the upper-jaw. It is distinguished by a prominently centripetal course of the dentinal tubes towards the central cleftlike hole. The tubes are more distant, as it is the case in the normal dentine, irregular in their dichotomies and sometimes branched off in brushes. The concentric stria and the radial ones beginning from the central space of the intertubular substance become more visible. The demarcation towards the dentine and partly towards analogous new-formations is remarkable by an elliptical curve (a). Magn. 500 diam.

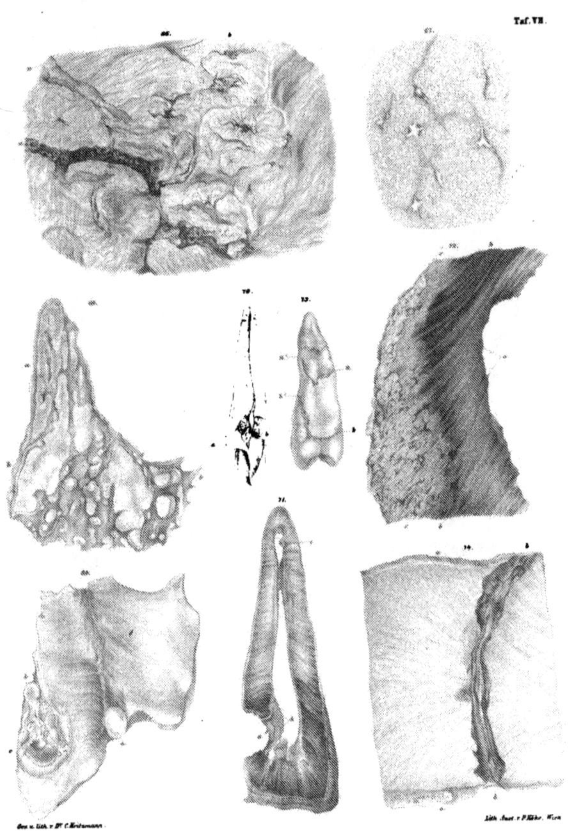

Ges. u. Lith. v. Dr. C. Heitzmann.
Lith. Anst. v. P.Köhr. Wien.

Tafel VII.

Fig. 66. Multiple Dentinneubildung in das Zahnbein der einen Wurzel eines Oberkiefermahlzahnes eingeschoben. Der Wurzelkanal bifurcirt sich in seinem Verlaufe, und die beiden abgehenden Aeste senden ihrerseits Zweige (a, a) ab, welche in ihrer weiteren Ramification ein grossmaschiges irreguläres Netz von mit amorphen Kalksalzen mehr oder weniger erfüllten, scharf begrenzten Hohlgängen bilden. Die meisten Zweige verlieren sich jedoch in gestreckte, mit vielfachen zackigen Ausläufern versehene, zuweilen eine seitliche Verzweigung abgebende Hohlräume (b), welche, gleichfalls mit amorphen undurchsichtigen Kalksalzen erfüllt, als Centraltheile der Dentinneubildungen erscheinen. In den vorliegenden Längsschnitt der einen Wurzel ist eine ganze Gruppe solcher Neubildungen gefallen, deren jede ein ihr angehöriges System von wellenförmig verlaufenden Zahnkanälchen besitzt. Die letzteren halten eine centripetale Richtung ein, d. h. sie münden, nachdem sie zahlreiche reiserähnliche Nebenzweige abgegeben haben, in grössere oder kleinere an Knochenkörperchen erinnernde Hohlräume. Die Kanälchen des Zahnbeines umfassen die eingeschobenen neuen Systeme und kreutzen die letzteren in mehrfachen Richtungen. Vg. 100.

Fig. 67. Aus einem Hartgebilde der Pulpe eines cariösen unteren Milchbackenzahnes. Die Pulpe ist theilweise zerstört, von lederartiger Zähigkeit, und schliesst eine harte, rundliche Neubildung von 2, 5 Millim. Durchmesser ein. Dieselbe weicht, wie der Durchschnitt nachweist, von den gewöhnlichen Dentinneubildungen insofern ab, als die Kanälchen nicht büschelförmig auftreten, in weitere ungleiche Distanzen verrückt in mannigfachen Richtungen durcheinander laufen und hie und da durch eingelagerte Globularmassen getrennt in spindelförmige Hohlräume übergehen. Eine andere Anomalie besteht darin, dass man vielstrahlige, ganz evidente Knochenkörperchen an manchen Stellen vorfindet. Die verhältnissmässig stark vertretene Grundsubstanz hat ein feines, netzförmiges Ansehen. Vg. 600.

Fig. 68. Multiple Dentinneubildung mit zwischengelagerten Pulparesten von einem oberen, nicht cariösen jugendlichen Mahlzahn. Der Pulpakörper hatte ein mit seichten Einkerbungen versehenes gelapptes Ansehen und war beinahe ganz mit zahlreichen, encystirten, resistenten Dentinneubildungen durchsäet; dieselben umhüllte gemeinschaftlich ein feines, nicht getrübtes Häutchen, welches abgezogen einige wohlerhaltene Nervenröhrenbündel nachweisen liess und mit Ausnahme einer flachhöckerigen Erhabenheit von bluterfüllten

Plate VII.

Fig. 66. Multiple new-formation of dentine intruded into the dentine of a root of a molar-tooth of the upper-jaw. The canal of the root is bifurcated in its course; these two arms send out again several branches (a, a), which further ramificated form an irregular network of well-defined canals filled up more or less with amorphous lime. Most of the branches, however, disappear in elongated holes (b) provided with many dented accrescences, sometimes sending off a lateral branch These holes likewise filled up with amorphous adiaphanous lime form the central part of the new-formations of dentine. A whole group of these formations fell in the longitudinal cut of a root, and each of them has its own system of wavylike running tubes. The last follow a centripetal direction, that is to say, they end, throwing off numerous twig-like side-branches, in larger or smaller hollow spaces whith remind one of corpuscles of bone. The tubes of the original dentine surround the intercalated new systems and cross the latter ones in several directions. Magn. 100 diam.

Fig. 67. Out of a hard formation in the pulp of a carious temporary molar of the under-jaw. The pulp is partly destroyed, tenacious like leather and includes a hard roundish new-formation of a diameter of 2, 5 Millim. It differs, as the section shows, from the common new-formations in as far as the dentinal tubes don't appear in bunches but are removed in unequal distances, run in manifold directions and show here and there, separated by intermixed globular masses, transitions in spindle-formed holes. Another anomaly consists therein, that multiradiated, most evident corpuscles of bone are to be found in some places. The proportionally predominant fundamental substance has a minute netlike apprarance. Magn. 600 diam.

Fig. 68. Multiple new-formation of dentine with interposed rests of the pulp from a not carious, juvenile molar of the upper-jaw. The body of the pulp had a lobed appearance with superficial inward bendings and was sown almost throughout with numerous encysted, resistant new-formations of dentine; a delicate transparent membrane incapsulated all of them and showed when isolated some well preserved bundles of nerves and crossing vessels filled up with blood everywhere, except a flattened protuberance. A longitudinal section of the

Gefässen durchzogen war. Der longitudinale Durchschnitt der bernsteinartig durchscheinenden Neubildung ergibt folgendes Bild. Man unterscheidet eine konische Partie (a), welche mit dem zugeschmälerten abgerundeten Ende in den einen der 3 Wurzelkanäle hinein sich erstreckt und von Hohlgängen, ähnlich den Havers'schen im Knochen durchzogen ist. Der dem Pulpakörper entsprechende Abschnitt (b, b) schliesst grössere Neubildungen ein, welche das Ansehen von unregelmässigen, mehrfach aus- und eingebuchteten, durchscheinenden, farblosen Läppchen gewähren und von einer atrophisirenden, zähen, gelblichen, einen alveolären Typus einhaltenden Pulpasubstanz umsäumt sind. In den grösseren Neubildungen laufen die Zahnkanälchen strahlenförmig nach verschiedenen Richtungen, in den kleineren sind sie oft kaum nachweisbar, hingegen sind oblonge, den Knochenkörperchen gleichende Hohlräume allenthalben sehr häufig. Die Grundsubstanz ist eine bald mehr, bald weniger ausgesprochene feinnetzförmige. Vg. 15.

Fig. 69. Durchschnitt eines die Pulpahöhle nahezu ausfüllenden, auf dem geschwellten rothen Pulpareste sitzenden Hartgebildes von einem oberen Weisheitszahn mit penetrirender *caries* an dem vorderen Abschnitte der Kaufläche. Dies Gebilde bietet ein besonderes Interesse dar, insofern als alle drei Zahnsubstanzen vertreten sind. Das Zahnbein bildet die überwiegende Masse; dessen Kanälchen ziehen in breiten, wohlgeordneten, wellenförmigen Büscheln von den Rändern ausstrahlend, umkreisen an einer Stelle ein ovales, concentrisch geschichtetes Korn (a) und durchkreuzen sich daselbst büschelweise. Der Schmelz insinuirt sich von der einen Seite (b) schief in eine stumpfkeglige Verlängerung der Neubildung, ist birnformig, scharf begrenzt und mit einem ringformig ihn umkreisenden Systeme centripetal verlaufender Zahnbeinkanälchen (c) umgeben. Die Schmelzprismen, in ihrem Quer-, Schief- und Längsschnitt erkennbar, erstrecken sich zu beiden Seiten eines centralen, mit Nebenbuchten versehenen mit undeutlicher Körnermasse erfüllten Hohlraumes und verhalten sich gegen das Zahnbein hin gerade so, wie man es an normalen Zähnen zu sehen pflegt, d. h. es befinden sich daselbst unregelmässig zackige Räume von verschiedenen Dimensionen. Die Knochensubstanz ist nur in der einen Ecke des Schnittes mit einer Gruppe von Knochenkörperchen vertreten, welche mit ihren sich ramificirenden Ausläufern unter sich communiciren und durch eine Globularmasse von dem Zahnbeine geschieden sind. Die Gefässe des gerötheten Pulparestes sind ausgedehnt, gewunden, zuweilen mit einer molekulären oder einer das Licht stark brechenden, colloiden Körnermasse vollgepfropft, oder streckenweise mit einer homogenen, das Licht wie mattes Glas brechenden Masse prall gefüllt. Die Dentinzellen sind selbst an dem das Hartgebilde überziehenden, dünnen Pulpatheil erhalten. Vg. 15.

Fig. 70. Schnitt durch einen linken oberen Eckzahn, dessen Kronenfläche (bei a) staffelförmig abgenützt ist. Der Schmelz fehlt daselbst gänzlich, und es liegt allenthalben die geglättete Oberfläche des Dentins zu Tage. Am Zahnhalse befindet sich eine penetrirende *caries* (bei b), welcher entsprechend eine Dentinneubildung der Wand des Wurzelkanales

new-formation diaphanous like yellowamber affords the following view: A conical particle (a) is to be seen, which extends into one of the three canals of the roots with its slender rounded end and is permeated by canals similar to those Haversian ones in the bone. The segment corresponding to the body (b, b) includes larger new-formations, which afford the appearance of transparent, colourless lobules repeatedly bent out and inwards, being surrounded by an atrophising, tenacious, yellowish substance of the pulp of an alveolar type. The dentinal tubes in the larger formations radiate in several directions, in the smaller ones they are hardly recognizable; instead of them small, oblong holes resembling the corpuscles of bone are everywhere very frequent. The fundamental substance is a minute netlike one more or less evident. Magn. 15 diam.

Fig. 69. Section of a hard formation almost filling up the cavity of the pulp sitting on the swoln red remains of the pulp from a wisdom-tooth of the upper-jaw with penetrating caries on the anterior segment of the masticatory surface. That formation affords a peculiar interest as far as all three substances of the tooth are represented. The dentine prevails; its tubes run in broad well-arranged wavylike tufts, radiate from the edges, circuit an oval grain (a) with concentric layers and here cross themselves in tufts. The enamel obliquely bends inwards into an obtuse conical prolongation of the newformation on one side (b), is pearshaped, sharply outlined and surrounded with a ringlike circuiting system of centripetally running dentinal tubes (c). The prisms of the enamel to be recognized in their transverse, oblique and longitudinal section extend on both sides of a central hole provided with lateral sinuations, filled up with an indistinct granular mass and are exactly in the same state towards the dentine, as is usually to be seen on normal teeth, that is to say, there are to be found small irregular dented holes of varying dimensions. The bony substance is only represented in one corner of the cut with bone-corpuscles, which communicate through their ramifying processes and are separated by a globular mass from the dentine. The vessels of the reddened rest of the pulp are dilatated, twisted, sometimes stuffed with a molecular or colloid granular mass, highly refracting the light or tightly filled up at certain distances with an homogeneous mass refracting the light like dim glass. The dentine-cells are even preserved on the thin particle of the pulp overcasting the hard formation. Magn. 15 diam.

Fig. 70. Section of a left canine of the upper-jaw; the masticatory surface (a) is worn out in such a way, that steps are formed. The enamel is totally missed and everywhere the smoothed surface of the dentine is exposed. On the neck of the tooth a penetrating caries (near b) appears, corresponding to which a new-formation of dentine is attached to the

angelagert ist. Die Neubildung sowohl, als auch die Wand des Wurzelkanales selbst sind von Seite der durch Gangrän zu Grunde gegangenen und in Verkalkung begriffen gewesenen Pulpa missfärbig. An der Wurzelspitze, deren Cementlage theilweise resorbirt ist, ist das Zahnbein hornartig durchscheinend. Vg. 2.

Fig. 71. Eine mit dem Zahnbeine, entsprechend der cariösen Stelle, verschmolzene, in die Pulpahöhle sich einsenkende Dentinneubildung eines von vor- und rückwärts zugeschliffenen Oberkieferschneidezahnes. Die *Caries* hat an dem Zahnhalse einen beträchtlichen Substanzverlust mit einer muldenförmigen Einbuchtung (*a*) erzeugt. Das Zahnbein ist an dem zackigen Boden der Mulde bis auf eine gewisse Tiefe braunrüthlich verfärbt. Es folgt sodann eine dunkle Zahnbeinzone, mit welcher eine in die Pulpahöhle hineinragende flachhügelige Dentinneubildung (*b*) organisch verbunden ist. Eine kleine wandständige, abgerundete Dentinneubildung (*c*) ragt in den Wurzelkanal. Vg. 4

Fig. 72. Eine Partie der vorigen Dentinneubildung mit dem entsprechenden, durch den cariösen Process veränderten Zahnbeine. Die den Boden der cariösen Grube bildende Zahnbeinportion (*a*) ist voll unregelmässiger, eckiger Hervorragungen und Vertiefungen, von einer tiefbraunrothen, nach und nach heller werdenden Färbung, welche weiter nach einwärts ganz verschwindet. In der dunklen Zahnbeinzone (*b*, *b*) nehmen die streifigen Trübungen an vielen Stellen einen so hohen Grad an, dass die Zahnbeinstructur ganz verschwindet. In der Neubildung (*c*, *c*) halten die Zahnbeinkanälchen wesentlich dieselbe Richtung ein, wie in dem mit ihr verschmolzenen Zahnbeine. Zahlreiche Globularmassen mit dunklen Interglobularräumen findet man daselbst eingebettet. Vg. 100.

Fig. 73. Geheilter Bruch der Wurzel mit bleibender Verschiebung der Bruchränder an einem oberen Backenzahne eines jugendlichen Individuums. Die Bruchstelle befindet sich beiläufig in der Mitte der Wurzel und verläuft von der Mundseite (bei *a*) unter einem Winkel schief nach aussen und oben (*a'*) und geht durch die ganze Dicke der Wurzel. Die Bruchränder sind durch eine sie verbindende, neugebildete Substanz getrennt und stehen an einer Stelle 0,7 Millim. von einander ab. Am Zahnhalse ist eine schief ansteigende Zahnsteinlage (*b*, *b*) sichtbar, welche die Zahnfleischgrenze bezeichnet. Vg. 2.

Fig. 74. Schnitt an der Bruchstelle des vorigen Zahnes, parallel zur hinteren Fläche der Wurzel ausserhalb des Zahnkanales geführt. Die nicht verdickten Cementlagen (*a*,*a*) gehen an den beiden Enden des dargestellten Bruchsegmentes (*b*, *b*) in die zwischen die getrennten Zahnbeinpartien eingeschobene neugebildete Substanz über. Die letztere zeichnet sich durch eine sehr scharfe Demarkation gegen beide Zahnbeinhälften aus und ist aus einer dunklen Randschicht und einer helleren Centralmasse zusammengesetzt. Das Zahnbein zunächst den beiden Seiten der Bruchstelle ist nur an einigen Stellen wolkig getrübt, nekrobiotisch, sonst von ganz normalem Verhalten. Vg. 20.

wall of the canal of the root. The new-formation as well as the wall of the canal of the root are discolored by the pulp destroyed by gangrene and calcified. The dentine is diaphanous like horn on the top of the root, the cementum of which is partly resorbed. Magn. 2 diam.

Fig. 71. A new-formation of dentine bending into the pulp-cavity and united with the original dentine on the part corresponding to the caries from an incisor of the upper-jaw whetted on the anterior and posterior surface. The caries has produced a considerable loss of substance with a hemispherical excavation (*a*) on the neck of the tooth. The dentine has a brown-reddish tinge on the rather rough bottom of the excavation at a certain depth. A darker zone of dentine (*b*) lies beneath, to which a new-formation of dentine (*b*) organically adheres projecting into the pulp-cavity with its flattened surface. Another small rounded new-formation of dentine (*c*) attached to the wall projects into the canal of the root. Magn. 4 diam.

Fig. 72. A segment of the preceding new-formation of dentine with the dentine altered by caries. The portion of dentine (*a*) forming the bottom of the carious excavation shows many irregular dented projections and deepenings, has a dark brown-red tinge, getting lighter by degrees and quite disappearing towards the inner side. The striated dim spots in the dark zone of dentine (*b*, *b*) increase in many places in such a way, that the structure of dentine is quite lost. The dentinal tubes in the new-formation (*c*, *c*) generally take the same direction, as in the original dentine, melted with the new one Numerous globular masses with interglobular spaces are here imbedded. Magn. 100 diam.

Fig. 73. A fracture of the root healed up with a permanent dislocation of the fractured parts from a bicuspid of the upper-jaw belonging to a juvenile individual. The fracture has taken place nearly in the middle of the roots and beginning from the mouth-side (near *a*) continuates under an angle obliquely out and upwards (*a'*) and goes all around the periphery of the root. The edges of the fracture are separated by a new-formed substance uniting them and are distant 0,7 Millim. in one place. A layer of tartar (*b*, *b*), indicating the border of the gum is to be seen on the neck of the tooth. Magn. 2 diam.

Fig. 74. Section of the preceding tooth on the fractured place made parallel to the posterior surface of the root outside the canal of the tooth. The apparently not thickened layers of cementum (*a*, *a*) go over on both ends of the represented segment of the fracture (*b*, *b*) into the newformed substance interjected between the disjoined particles of the dentine. The new substance is marked towards the two dimidial parts of dentine by very sharp outlines and composed of a dark marginal layer and a clearer central mass. The dentine adjoined to both sides of the fractured place is only in some places less transparent, nebulous, necrobiotic, besides of normal appearance. Magn. 20 diam.

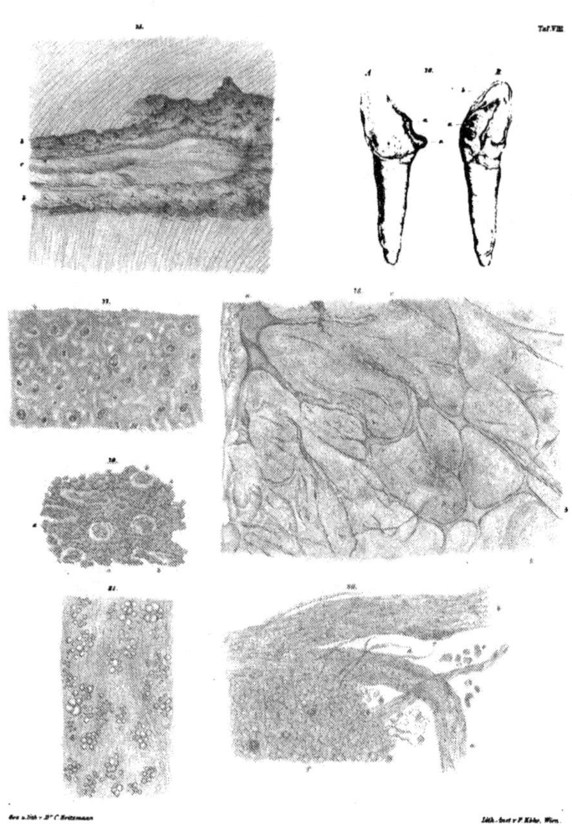

Gez. u.lith. v. D.ᵣ C. Heitzmann.   Lith. Anst v. F. Köhr, Wien.

Tafel VIII.

Fig. 75. Partie aus dem vorigen Schnitte. Die genauere Betrachtung lehrt, dass die Bruchflächen des Dentins zunächst mit neugebildetem Cement belegt sind, welchem eine mehr oder weniger ausgesprochene Globularmasse folgt; die neugebildete Zahnbeinsubstanz bildet die centrale Schichte. Das Cement ist auf verschiedenen Stufen der Entwicklung. An manchen Orten (bei *a*) liegen die vielstrahligen Knochenkörperchen über den Zahnkanälchen des ursprünglichen Zahnbeines; die Grundsubstanz ist insbesondere gegen die Demarkationslinie ganz undurchsichtig geworden. An anderen Stellen (bei *b, b*) ist es bloss zu einer rudimentären Cementbildung gekommen, wobei im weiteren Verfolge des *Callus* lappenartig begrenzte Schichten (Resorptionserscheinungen) gegen das ursprüngliche Zahnbein hin hervortreten. Die Globularsubstanz ist von verschiedener Mächtigkeit. Die Zahnkanälchen des central-gelagerten neugebildeten Dentins wechseln sehr in ihrer Richtung und Ausdehnung. In dem gezeichneten Abschnitte verlaufen sie büschelförmig (bei *c*) und sind nahezu rechtwinkelig gegen die Kanälchen des ursprünglichen Zahnbeines gerichtet. Man trifft anderen Orts oft bloss einzelne Gruppen von Kanälchensystemen, welche, was insbesondere betont werden muss, gegen die neugebildete Globularmasse hin sich ramificiren. Endlich beobachtet man noch im *Callus* verschiedenartige, grösstentheils calcificirte Hohlgänge, welche auf eine vorausgegangene Vascularisation schliessen lassen. Vg. 300.

Fig. 76. (Fall aus H. Hofrath Hyrtl's zootom. Mus., überm. von H. Dr. Friedlowsky.) Neubildung von Osteodentin an dem linken Unterkieferschneidezahn einer Antilope. An der äusseren Kronenhälfte befindet sich ein unterhalb der Schmelzgrenze am Zahnhalse beginnender Defect des Schmelzes und Zahnbeines bis zur Pulpahöhle reichend. Eine neugebildete harte, broncefarbene, glatte, mit kleinen Oeffnungen versehene Masse deckt theilweise den Defect. Die Abbildung *A* stellt die Gesichtsfläche des Zahnes dar; die Neubildung (*a, a*) erhebt sich über den schief aufsteigenden, zackigen Bruchrand des Schmelzes und ist von dem genannten Rande durch eine seichte Furche getrennt. Die Abbildung *B* giebt die Zungenfläche des Zahnes mit dem scharf begrenzten Neugebilde, welches einen Längendurchmesser von 16 Millim. und an der breitesten Stelle einen Querdurchmesser von 7 Millim. hat. Oberhalb einer stumpfkegeligen Hervorragung macht sich eine Grube (*a*) bemerkbar. Die in ihrem ganzen Umfange sichtbare Neubildung ist von der Zungenseite des abgeriebenen Zahnbeines durch eine breite, zackige Furche getrennt, während sie am Zahnhalse genau anschliesst. An der Zungenfläche der Krone ist der Schmelz gänzlich bis auf einen das Zahnbein umfassenden Rand (*b*) abgerieben. N. G.

Fig. 77. Vascularisirtes Zahnbein aus der inneren Lage der vorhergehenden Neubildung. Der parallel zur Zahnaxe in der Nähe der Pulpahöhle geführte Schnitt zeigt grösstentheils quergetroffene Gefässkanäle verschiedenen Durchmessers in ziemlich regelmässigen Abständen, erfüllt mit undurchsichtigen, amorphen Kalksalzen. Die gleichfalls quer in den Schnitt gefallenen Zahnbeinkanälchen sind regelmässig gruppirt und fehlen theils um die Gefässkanäle, theils zwischen denselben, wodurch helle Flecken zum Vorschein kommen. Vg. 80.

Fig. 78. Vascularisirtes Osteodentin aus dem die Oberfläche des Zahnes überragenden Theile derselben Neubildung. Die oberflächlichen Schichten sind streckenweise mehr oder weniger mit einem dunkelbraunen, bis auf eine gewisse Tiefe eindringenden Farbestoff getränkt. Man sieht ein System von

Plate VIII.

Fig. 75. A part of the same section. The more accurate examination proves, that the surfaces corresponding the fracture of the dentine at first are covered with newformed cementum, to which a more or less pronounced globulated mass is adjoined; the newformed substance of dentine takes the central part. The cementum is to be found in several degrees of development. On some places (near *a*) the multiradiated corpuscles of bone lay over the dentinal tubes of the original dentine; the fundamental substance especially is quite untransparent towards the confining line. In other places (near *b, b*) a rudimental formation of cementum only has taken place, whereby, following the callus, layers with an undulary confining line predominate towards the original dentine (symptoms of resorption). The globular substance is of different circumference. The tubes of the newformed dentine forming the central part considerably change in their direction and course. They run in tufts (near *c*) and almost at a right angle towards the tubes of the original dentine in the represented segment. In other places singular groups of systems of tubes are merely to be seen, which — and this especially is to be accentuated — ramificate towards the newformed globular mass. Finally different calcified canals are to be observed in the callus as the remains of a former vascularisation. Magn. 300 diam.

Fig. 76. (A specimen we owe to the kindness of Dr. Friedlowsky out of Hyrtl's zootomical museum.) New-formation of osteodentine on the left incisor of the under-jaw of an Antelope. On the external half of the crown a defect of the enamel and dentine, beginning under the border of the enamel on the neck of the tooth and reaching the pulp-cavity is remarkable. A newformed hard, smooth, bronze-coloured mass with small apertures partly repairs the defect. The figure *A* represents the frontal view of the tooth; the new-formation (*a, a*) arises over the obliquely ascending, dented, fractured enamel and is separated by a shallow channel from the border of the fractured enamel. The figure *B* shows the lingual surface of the tooth with the sharp outlined new-formation, which has a longitudinal diameter of 16 Millim. and on its broadest part a transverse one of 7 Millim. An excavation (*a*) is to be observed over an obtuse conical protuberance. The new-formation, visible in its whole circumference is separated by a broad dented channel from the lingual side of the rubbed dentine, whilst it is perfectly attached to the latter on the neck of the tooth. The enamel on the lingual surface of the crown is fully rubbed off till to a border (*b*) surrounding the dentine. Nat. size.

Fig. 77. Vascularised dentine out of the internal layer of the preceding new-formation. The section made parallel to the axis of the tooth in the neighourhood of the pulp-cavity mostly shows canals for vessels of different diameter transversely cut in almost regular distances, filled with untransparent, amorphous lime. The dentinal tubes likewise in transverse section are regularly grouped and are wanting partly in the immediate neighbourhood around the canals for the vessels, partly farther away between the last ones, whereby transparent homogeneous spots appear. Magn. 80 diam.

Fig. 78. Vascularised osteodentine of the same new-formation taken from the part projecting over the surface of the tooth. The superficial layers occasionally are tinged more or less with a dark brown colouring matter penetrating to a certain distance. A system of vascularised canals, similar to those

2

Gefässkanälen, ähnlich den Havers'schen im Knochen, welche an den anastomosirenden Stellen trichterförmige Erweiterungen (a), an den kleineren Verbindungszweigen häufig fadenartige Zuschmälerungen zeigen. Zwischen den Kanälen liegt eine an manchen Orten vollkommen entwickelte Knochensubstanz, an anderen aber sind ihre Merkmale mehr oder weniger verdrängt, indem die gleichsam mit einander verschmolzenen Knochenkörperchen ihre Charaktere eingebüsst haben. Systeme von strahlenförmigen Zahnbeinkanälchen sind insbesondere in den tieferen Lagen (b, b) der Neubildung eingeschoben. An verhältnissmässig wenigen Stellen (c) kommen Aggregate von Zahnbeinkugeln zum Vorschein. Vg. 80.

Fig. 79. Sarkomatös entartete Pulpa (sogen. Polyp) eines Unterkiefermahlzahnes, dessen Krone durch *caries* bis auf einen Rest der Seitenwand zerstört war. An der Kaufläche ragte eine oberflächlich abgerundete, glatte, 7 Millim. im Durchmesser haltende, ziemlich consistente Geschwulst hervor, von der sich eine eiternde Schicht abheben liess. Der herauspräparirte Pulpakörper hatte den ungefähren Umfang einer kleinen Erbse, die eine Pulpawurzel war geröthet, die zweite blass. Angefertigte Schnitte ergeben, dass die Geschwulst aus einem Aggregate von gleichförmig gestalteten Zellen mit folgender Anordnung besteht. Die dichter aggregirten Zellen bilden eine Art Maschenwerk (a, a, a), in dessen Räumen central gelegene Gruppen von Zellen (b, b) in einer durch Essigsäure aufgehellten Grundsubstanz sich befinden. Die letztbenannten Gruppen sind von einer concentrisch gelagerten Schichte oblonger Zellen umgürtet. Die ganze Geschwulst zeigt allenthalben dasselbe Verhalten, so dass die der Pulpa zukommenden Elementarorgane nicht mehr zu erkennen sind. Vg. 350.

Fig. 80. Aus einer entzündeten, theilweise eiternden Pulpa eines cariösen Zahnes. Die hervorstechendsten Merkmale derselben sind: Lockerung und diffuse Trübung des Gewebes, einerseits eine grauröthliche, anderseits eine mit der theilweisen Schmelzung einhergehende, dem sich in Fäden ziehenden Eiter zukommende, grünliche Verfärbung. An dem Uebergange zum Eiterherde beobachtet man folgende Veränderungen: die bindegewebige Scheide der Gefässe ist häufig geschwellt und von zerstreut liegenden Fettkörnchen getrübt (a); nach Einwirkung von Essigsäure lassen sich zahlreiche Kerne daselbst wahrnehmen, welche zuweilen das ganze Gefäss bedecken und die Lichtung desselben unkenntlich machen. Die Nervenröhrenbündel sind gleichfalls durch Fettkörnchen minder diaphan geworden, welche letztere theils zerstreut, theils zu einigen wenigen aggregirt zwischen den Nervenröhren und auch in denselben liegen (b). In den bindegewebigen Scheiden der Nerven trifft man nicht selten Gruppen von ovalen oder rundlichen Kernen (c). Aus dem Parenchym der Pulpa sind zahlreiche, in acuter Verfettung ihres Inhaltes begriffene Spindelzellen (d) herausgefallen. In der umspülenden getrübten Flüssigkeit findet man zahlreiche suspendirte Fettkügelchen, geschrumpfte, im Zerfall begriffene, mit Fettkornern besetzte Elementarorgane (e), welche mitunter in Fettkörnerhaufen umgewandelt erscheinen. Rückt man an den Eiterherd selbst, so erblickt man die zusammengeballten, verfettenden Eiterkörperchen (f), welche nach Reaction mit Essigsäure die bekannten mehrfachen Kerne zeigen. Vg. 350.

Fig. 81. Aggregirte Fetttröpfchen in dem Parenchym der Pulpa eines cariösen Unterkiefermahlzahnes. Die sonst in ihrer Dentinzellenlage, ihrem Parenchym, ihren Nerven und Gefässen keine Anomalie aufweisende Pulpa zeigt nur an einer Stelle eine sehr auffällige Anhäufung von Fetttröpfchen, welche von verschiedener Grösse eine fleckenweise Trübung in dem Parenchym erzeugen und wahrscheinlich das Product eines chronischen Processes (chronische Verfettung) bilden. Vg. 350.

Haversian ones in the bone is remarkable, which canals show infundibuliform dilatations (a) on their anastomoses and often filaceous diminutions on the smaller anastomotic branches. A fully developped bony substance lies between the canals on some places, on others its characters are more or less abolished, as the bone-corpuscles looking as if melted together have lost their characters. Systems of radiated dentinal tubes are intermixed especially in the deeper layers (b, b) of the new-formation. Aggregations of dentinal globules appear proportionally in a few places (c). Magn. 80 diam.

Fig. 79. Sarcomatous pulp (Polyp of dentists) of a molar-tooth of the under-jaw, the crown of which was destroyed by caries except a remnant of the lateral wall. A superficially rounded, smooth, rather consistent tumor, 7 Millim. in diameter covered with a suppurating stratum projected on the masticatory surface. The isolated body of the pulp had about the circumference of a pea; one root of the pulp was red, the other pale. Cuts that were made show, that the tumor consists of an aggregation of uniform cells in the following arrangement. The tighter aggregated cells form a sort of network (a, a, a), in the interspaces of which centrally situated groups of cells (b, b) are deposited in a fundamental substance brightened up by acetic acid. The last mentioned groups are surrounded by a concentric layer of oblongated cells. The whole tumor shows everywhere the same condition, in such a way, that the elementary organs of the pulp are not to be recognized any more. Magn. 350 diam.

Fig. 80. Out of an inflamed partly suppurating pulp of a carious tooth. Its most prominent characters are: looseness and diffuse dullness of the texture; on one side a grey-reddish, on the other a greenish discoloration being common to viscous pus going along with a partial dissolution. The following changes are to be observed on the transition to the suppurative infiltration: the sheath of the blood-vessels consisting of connective tissue is often swoln and troubled by disseminated fatty granules (a); there can be numerous nuclei demonstrated after the influence of acetic acid, which sometimes cover the whole vessel and make the hollowness of it indiscernible. The bundles of nervous tubes likewise have got less diaphanous by fatty granules, which, partly disseminated partly aggregated, are deposited between the nervous tubes and even in the interior of these (b). Groups of oval and round nuclei (c) are not rarely to be found in the sheaths of the nerves. A good many spindleformed cells (d) being in an acute fatty degeneration of their contentum have fallen out of the parenchyma of the pulp. In the surrounding troubled fluid are to be found: numerous suspended fatty globules, corrugated elementary organs (e), being in decay and beset with fatty granules sometimes metamorphosed in globules of aggregated fatty molecules. In the suppurative part the conglobated fatty degenerated pus-corpuscles (f) are to be seen, which show the known multiplicated nuclei after the reaction with acetic acid. Magn. 350 diam.

Fig. 81. Aggregated fatty granules in the parenchyma of the pulp of a carious molar of the under-jaw. The pulp presenting no anomaly whatever in the layer of dentine-cells, in the parenchyma, in its nerves and vessels shows only on one place a striking agglomeration of fatty granules, which of different size produce a spotted turbidity in the parenchyma and probably are the product of a chronic localised process (chronic fatty degeneration). Magn. 350 diam.

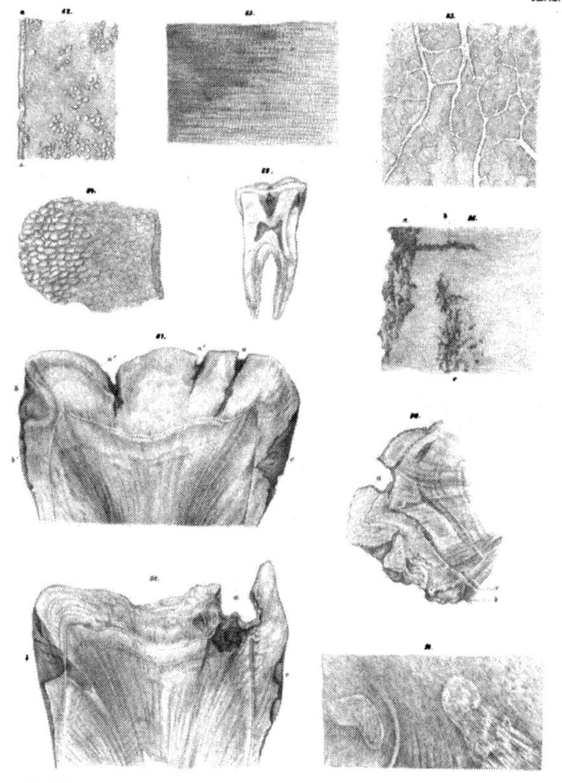

Gez.u.lith.v.Dr C Britzmann

Lith .Anst : F.Kuke Wien .

Tafel IX.

Fig. 82. Schmelzhäutchen mit tropfenartigen, colloidähnlichen Auflagerungen von einem senilen Schneidezahne. Die Auflagerungen ragen am umgeschlagenen Rande (*a, a*) als convexe, glatte, linsenförmige Körper hervor, welche von der Fläche betrachtet durch ihre stets abgerundete Begrenzung und einen matteu Glanz sich kennzeichnen; sie sind ungleichmässig vertheilt, theils vereinzelt, theils in Gruppen anzutreffen. Vg. 350.

Fig. 83. Netzförmig zerklüftete Partie des Schmelzhäutchens eines mit chronischer, nicht penetrirender *caries* behafteten unteren Mahlzahnes. Das Schmelzhäutchen zeigt im Allgemeinen die Uebergänge von einer normalen, zarten, structurlosen, transparenten, sich leicht faltenden Haut zu einer theils grau, theils schmutzigbraun und grünlichgelb gefleckten, verdickten, spröden, leicht rissigen Membran. Das netzförmige Ansehen der zerklüfteten Stelle wird erzeugt, indem die Spalten, ähnlich den sogenannten Nerven eines Blattes, sich vielfach ramificiren und endlich in zarte, polygonale Netze auflösen. Die Richtungen in der Spaltung des spröden Häutchens werden möglicher Weise durch die Art der Gruppirung der Schmelzprismen veranlasst. Die Grundsubstanz der zerklüfteten Stelle ist sehr feinkornig getrübt. Vg. 600.

Fig. 84. Quer und schief gelagerte Schmelzprismen von demselben Schmelzhäutchen. Es ist insbesondere hervorzuheben, dass in den, der cariösen Stelle nachbarlichen Partien des Häutchens die Schmelzprismen in ihrer Längs- und Querrichtung trotz der Einwirkung der verd. Salzsäure vollkommener als an anderen Partien sich erhalten haben, eine hellgelbe, gelbrothliche oder rothbraune feurige Färbung besitzen und ihre Substanz in eine das Licht stärker brechende homogene Masse umgewandelt ist. An der cariösen Stelle selbst sind die Schmelzprismen verschwunden, und rührt die schmutziggraue feinkörnige Masse von einem Zerfall (*detritus*) der Schmelzbestandtheile her. Vg. 600.

Fig. 85. Pigmentirung der Schmelzprismen bei beginnender *caries*. Die mit ihrem Längendurchmesser in den Schnitt gefallenen Prismen sind in verschiedenen Abstufungen pigmentirt. Dort, wo der Farbstoff am intensivsten hervortritt, wird die Textur des Schmelzes ganz unkenntlich, während an nachbarlichen oder zwischengelagerten Schichten der die Prismen theilweise oder ganz erfüllende Farbstoff die Grenzen der Elementartheile noch wahrnehmen lässt. Es ragen nicht selten Längsreihen von pigmenthaltigen Prismen in die schwach oder gar nicht pigmentirten hinein. Der Farbstoff bei beginnender *caries* unterscheidet sich meist von demjenigen, welcher so häufig im Schmelz anzutreffen ist, durch eine Beimischung von feurigem Rothbraun und Rothgelb. Vg. 350.

Plate IX.

Fig. 82. Membrane of the enamel with droplike colloid superpositions from a senile incisor. The superposed masses project on the edge lapt over (*a, a*) as convex, smooth, lenticular bodies, which are characterized in their front-view by an always rounded outline and a dull shine; they are unequally distributed, here isolated, there in groups. Magn. 350 diam.

Fig. 83. A part of the membrane of the enamel with netlike clefts from a molar of the under-jaw affected with chronic, not penetrating caries. The membrane generally shows the transitions from a normal, delicate, structureless, transparent one easy to be lapt up to a gray or brown and greenish, spotted, thickened, brittle, easily cracked cuticle. The netlike appearance is produced by manifold clefts ramified and dispersed in minute polygonal networks, similar to the so-called veins of a leaf. The directions in the cleft of the brittle membrane are possibly occasioned by the mode of grouping of the enamel-prisms. The fundamental substance of the clifted part is obscured by very fine molecules. Magn. 600 diam.

Fig. 84. Transverse and obliquely situated enamel-prisms of the same enamel-membrane. It is especially to be remarked, that the enamel-prisms in their longitudinal and transverse view are more perfectly preserved in the neighbouring parts of the caries, than in others, notwithstanding the influence of the dil. muriatic acid; they have a deep-yellow, yellowish-red, or reddish-brown ardent tinge, and their substance is converted into a homogeneous mass with a higher refracting power. The enamel-prisms disappeared in the carious place, and the dirty grayish molecular mass is owing to a detritus of the constituents of the enamel. Magn. 600 diam.

Fig. 85. Pigment in the enamel-prisms in the first stage of caries. The prisms cut according to their longitudinal diameter are coloured in various degrees. Where the colouring matter is rendered most conspicuous, the texture of the enamel is not to be recognized any more, whilst the colouring matter in neighbouring or interposed layers allows one to discern the outlines of the partially or totally tinged prisms. Rows of coloured prisms are blended together with thinly or not at all coloured ones. The colouring matter in inchoative caries generally differs from that so often to be found in enamel by being mixed with an ardent red-brown and red-yellow. Magn. 350 diam.

Fig. 86. In theilweiser Zerstörung begriffener Schmelz im Beginne der chronischen *caries*. Der der Oberfläche entsprechende Theil (a) des Durchschnittes ist uneben und hat ein zerklüftetes, hie und da gleichsam angenagtes Ansehen. Das Pigment ist daselbst in den zackenförmigen Vertiefungen am stärksten angehäuft, tritt aber auch auf als dunkler, schmaler, zwischen die Schmelzprismen eingeschobener Streifen (b) und als gruppirte, dunkelkörnige, allem Anscheine nach freiliegende Masse (c). Vg. 350.

Fig. 87. Längenschnitt durch die Krone eines im ersten Stadium der *caries* befindlichen unteren Backenzahns. Die pathologische Veränderung des Emails ist in zwei Bezirken aufgetreten: in den Furchen der Kaufläche und den Seitenflächen der Krone. Man beobachtet in den ersteren (a. a', a") eine von den oberflächlichen in die tieferen Lagen des Schmelzes eindringende, ziemlich scharf begrenzte braunrothe, schwarzbraune und dunkelgraue Verfärbung, welche von der Furche a durch die ganze Dicke des Schmelzes streifenartig bis an das Zahnbein sich hinziehet. Es ist daselbst auch schon eine verminderte Cohäsion eingetreten, wie der stattgehabte Längssprung beweist. In den beiden anderen Furchen a' und a" ist die umsäumende Verfärbung nur bis in eine gewisse Tiefe des Schmelzes eingedrungen. An den beiden Seitentheilen der Krone hat die Verfärbung des Schmelzes eine grössere Ausdehnung gewonnen, und zwar sind die oberflächlichen Schmelzlagen (bei b) feurig braunroth und gehen in ihrer Farbe nach und nach in ein saturirtes Gelb über, sich muldenförmig gegen die farblosen nachbarlichen Emailschichten abgränzend, welche letztere wie ein heller Hof die gefärbte Mulde umgeben. Von dieser Stelle (b) geht ein oberflächlich gelagerter, graubrauner, sich nach abwärts verjüngender Streifen ab, der sich gegen die innere farblose Schmelzlage meist scharf zickzackförmig abscheidet (b'). Auf der anderen Seitenfläche der Krone zeigt sich eine durch die ganze Schmelzlage trichterförmig sich einsenkende Verfärbung (c), wobei, der Spitze des Trichters entsprechend, die zunächst gelagerte Zahnbeinpartie eine hellgelbe verschwommene Färbung darbietet. Vg. 10.

Fig. 88. Längenschnitt durch die Krone eines Backenzahnes im Beginne des zweiten Stadiums der *caries*. Durch letztere wurde ein Substanzverlust des Schmelzes gegen die eine Seite der Krone bewerkstelligt, so dass eine schüsselförmige Bucht (a) entstand, deren Boden theilweise schon von dem ergriffenen Zahnbeine und deren Seitenwand von einer braunroth und rothgelb pigmentirten Schmelzlage gebildet wird. Die betreffende erkrankte Zahnbeinpartie hat theils ihre Transparenz verloren, und ist in eine klumpige, dunkle Masse umgewandelt, theils lässt sie ihre Structur an den pigmentirten Uebergangsstellen zum normalen farblosen Zahnbeine noch erkennen. Es ist ferner der Schmelz an verschiedenen Stellen auch noch erkrankt; so an der Innenwand der Bucht (a), und es wäre die seitlich gelegene, fleckig getrübte Schmelzpartie bei fortschreitender *caries* gleichfalls zerstört worden. Der trichterförmig von aussen nach einwärts sich senkenden pigmentirten Schmelzlage (b) an dem Seitentheile der Krone entspricht eine erkrankte, spitzkegelige Zahnbeinzone, welche durch die verminderte Transparenz auffällt und gegen die an

Fig. 86. Enamel in partial decay in nascent chronic caries. The part corresponding to the surface of the enamel (a) is uneven and has a fissured, here and there gnawed appearance. The pigment thereon is mostly accumulated in the dented deepenings, but is likewise to be seen as a dark, narrow stripe (b) interstratified between the prisms or as a grouped, dark granulated mass apparently freely interspersed (c). Magn. 350 diam.

Fig. 87. Longitudinal section through the crown of a bicuspid being in the first stage of caries of the under-jaw The pathological metamorphosis of the enamel is visible in two regions: in the furrows of the masticatory surface and on lateral surfaces of the crown. You observe in the former (a, a', a") a change of the colour intruding from the superficial into the deeper layers of the enamel; the coloration is tolerably well marked out, brownish-red, blackish-brown or dark-gray, which is to be traced like a stripe from the furrow (a) through the whole thickness of the enamel as far as the dentine. Thereby a diminished cohesion has already taken place, as the previous longitudinal crack proves. The outlining discoloration in the two other furrows a' and a" entered only till to a certain deepness of the enamel. The discoloration of the enamel has acquired a larger extension on both lateral parts of the crown, and the superficial enamel-layers (near b) are of an ardent brownish-red, gradually assuming in their tinge a saturated yellow, bordered not unlike a bowl towards the colourless neighbouring enamel-layers, which surround the coloured bowl with a clearer edge. A superficially situated, gray-brown stripe leaves that place (b), diminished in circumference in its inward-direction, and is sharply dented, bordered (b') towards the internal colourless layer of enamel. On the other side of the crown is to be seen an infundibuliform discoloration (c) penetrating the whole thickness of the enamel, whereby the adjacent dentine, corresponding to the top of the infundibulum, presents a yellow diffused tinge. Magn. 10 diam

Fig. 88. Longitudinal section through the crown of a bicuspid in the beginning of the second stage of caries. A loss of substance of the enamel on one side of the crown has taken place in such a way that a bowl-like excavation (a) was produced, the bottom of which is partly formed by the affected dentine, the lateral wall by a brownish-red and reddish-yellow pigmented layer of enamel. The corresponding affected dentine has partly lost its transparence and is metamorphosed into a clumpered dark mass, partly allowing one to recognize the structure on the coloured transitive places to the normal colourless dentine. The enamel is besides affected in different places; so on the internal wall of the excavation (a, and there is no doubt that the neighbouring spotted part of the enamel would have been equally destroyed by the progress of caries. The infundibuliform coloured part of enamel penetrating from outwards to the interior (b) on the side of the crown shows when followed an affected corresponding conical zone of dentine, which strikes by the diminished transparence and a brownish-red coloration on the base of the cone adjacent to

den Schmelz stossende Basis des Kegels eine braunrothe Färbung erblicken lässt. Die Pigmentirungen des Emails auf der anderen Seite der Krone (c) zeichnen sich durch eine sehr grell hervortretende Demarcation gegen die tieferen Schmelzlagen aus. Vg. 10.

Fig. 89. Chronische *caries* an der Kau- und vorderen Berührungsfläche eines rechten unteren Mahlzahnes. An dem durch die Mitte der vorderen und hinteren Berührungsfläche geführten Längendurchschnitte erscheinen zwei von *caries* ergriffene Stellen. Die eine derselben befindet sich in der Mitte der Kaufläche; der oberflächlich noch unverletzte Schmelz ist an einer kleinen Stelle bräunlich verfärbt. Diese Färbung zieht sich durch den Schmelz bis zur Zahnbeingrenze; im Zahnbeine selbst bildet der Durchschnitt der Verfärbung ein hellbraunes Dreieck, dessen Basis dem Schmelze und dessen Spitze der Pulpahöhle zugekehrt ist. Aehnlich verhalten sich Schmelz und Zahnbein an der cariösen Stelle der vorderen Berührungsfläche, jedoch entspricht derselben eine ausgedehntere oberflächliche Verfärbung des Schmelzes. An beiden Stellen scheint bereits ein Zerfall der Gewebe in geringer Ausdehnung an der Schmelz-Zahnbeingrenze begonnen zu haben. Nach der Abnützung der Kronenhügel und der hornartigen Beschaffenheit der Wurzeln zu urtheilen, rührt der sonst wohlgebildete Zahn von einem älteren Individuum her. Vg. 2.

Fig. 90. *Caries* im Beginne des zweiten Stadiums von einem gerieften Unterkiefermahlzahne. Es ist durch den cariösen Process eine schüsselförmige Grube (*a*) an der Krone erzeugt worden; daselbst ist nicht blos der Schmelz abgängig, sondern auch die zunächst gelagerte Zahnbeinschichte angegriffen, so zwar, dass die am Boden der Grube befindliche Schichte von Globularmassen schon eine lebhaft saftbraune Färbung angenommen hat. Ja es ergibt sich bei näherer Betrachtung, dass diese Verfärbung der Globularmassen, insbesondere der Interglobularsubstanz eine weite Strecke über die cariöse Stelle hinaus zu verfolgen ist. An derselben Zahnkrone ist eine tiefer greifende, acute, cariöse Zerstörung zu bemerken, welche eine Erweichung und saftbraune Färbung am Zahnbeine (bei *b*) veranlasste und beim weiteren Verfolge des Durchschnittes bis an die Pulpahöhle vorgedrungen sich erweist. Die Globularmasse (bei *c*) ist eine kurze Strecke weit gleichfalls braun verfärbt. Vg. 10.

Fig. 91. Diaphane Flecken und Streifen im Zahnbeine, welche häufig in Folge von chronischer *caries* aufzutreten pflegen. Dieselben erscheinen in dem vorliegenden Abschnitte des Zahnbeines als helle Scheibe mit strahlenförmigen Streifen, als durchscheinendes, bogenförmiges Band und als ein nierenförmiges Segment; ihre Begrenzungen heben sich ziemlich scharf von den lufthaltigen dunklen Zahnbeinpartien ab. Der Mangel des Luftgehaltes in den Zahnkanälchen ist an den diaphanen Stellen des Zahnbeines auffällig und einer pathologischen Veränderung in den Dentinzellenfortsätzen zuzuschreiben, welche den Eintritt der Luft in die Zahnbeinkanälchen verhinderte Vg. 12.

the enamel. The coloured parts of the enamel on the other side of the crown (*c*) are distinguished by a very sharp declination towards the deeper layers of enamel. Magn. 10 diam.

Fig. 89. Chronic caries on the masticatory and anterior tangential surface of a right molar of the under-jaw. There are two places affected by caries on the longitudinal section made through the middle of the anterior and posterior tangential surface. One of these is in the centre of the masticatory surface; the superficially uninjured enamel is tinged brown in a small place. That tinge penetrates the enamel as far as the dentine, the latter in its discoloration forms a clear brown triangle, the base of which is turned to the enamel and its top to the pulp-cavity. Enamel and dentine resemble each other in the carious place of the anterior tangential surface; the superficial tinge of the enamel has only a larger circumference. A destruction of texture seems to have begun in a smaller extension on the border next to enamel and dentine in both carious places. The well formed tooth belongs to an elder individual, as far as you may judge by the wearing out of the crown and the horny nature of the roots. Magn. 2 diam.

Fig. 90. Caries in the beginning of the second stage of a transversely channelled molar of the under-jaw. A bowl-like excavation (*a*) has been produced by the carious process on the crown; not only the enamel on it is defective, but also the surrounding dentine is affected in such a way that the layer of globular masses filling up the bottom of the excavation has already assumed a sap-brown tinge. Nay, a nearer examination proves, that the discoloration of the globulated masses, especially of the interglobular substance, is to be traced a great distance from the carious place. An acute carious destruction spreading farther is to be observed on the crown of the same tooth, having produced an emollition and sap-brown tinge on the dentine (near *b*), and showing on a further examination of the section that it has penetrated into the pulp-cavity. The globulated mass (near *c*) is equally tinged brown for a short distance. Magn. 10 diam.

Fig. 91. Diaphanous spots and stripes often occurring in the dentine in consequence of chronic caries. These appear in the present section of the dentine as a transparent disc with radiating stripes, or as an archlike diaphanous string or a kidney-formed segment; their outlines are tolerably sharply marked from the neighbouring darker parts of dentine containing air. The want of air in the dentinal tubes is evident in the diaphanous places of the dentine, and is owing to a pathological alteration in the processes of the dentinal cells; whereby the entrance of air into the dentinal tubes is prevented. Magn. 12 diam.

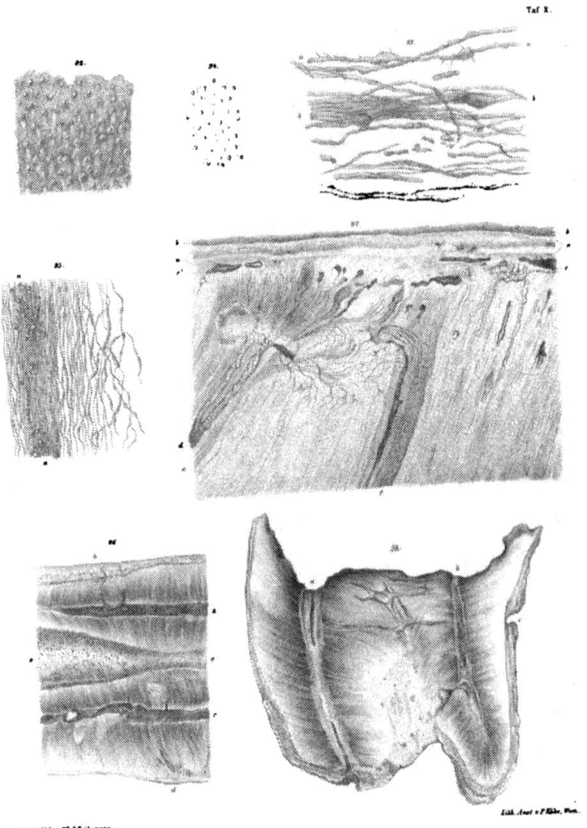

Taf. X.

Tafel X.

Fig. 92. Verdickung der Dentinzellenfortsätze im knorpelartig gewordenen Zahnbeine, wie sie bei sogen. *caries humida* insbesondere an saftbraun verfärbten Stellen nicht selten vorzukommen pflegt. Die quer und schief in den Schnitt gefallenen Zahnbeinkanälchen sind mit einer das Licht stark brechenden, glänzenden homogenen Masse erfüllt und ausgedehnt, welche kuppenförmig über die Schnittfläche hervorzuragen scheint und sich sehr scharf von der bald fein-, bald grobkornigen Grundsubstanz abgrenzt. Die letztere, ebenso wie die in den Zahnbeinkanälchen befindliche Masse zerfallen gegen die cariöse, frei liegende Oberfläche des Zahnbeines hin mit Verlust ihrer Textur in unförmliche, getrübte Klümpchen. Vg. 600.

Fig. 93. Knollige Schwellungen der verdickten Dentinzellenfortsätze aus einem knorpelartigen Zahnbeine bei sogen. *caries humida* öfters vorkommend. Die mittelst verd. erhitzter Salzsäure isolirten Fortsätze zunächst der erweichten cariösen Stelle zeichnen sich durch ihre ungleichförmige, beträchtliche Dicke, Brüchigkeit und ein starkes Lichtbrechungsvermögen aus, sind meist getrübt, mit an ihrer Oberfläche haftenden Körnchen besetzt, schwellen zuweilen in ihrem Verlaufe knollig an und senden kurze Seitenzweige aus (*a, a*); die in dem Bündel *b, b* befindlichen knolligen Körper sind aller Wahrscheinlichkeit nach Globularmassen. Vg. 600.

Fig. 94. Querdurchschnittene, vom Blutfarbestoff geröthete Zahnbeinkanälchen eines am Zahnhalse theilweise rosenrothen, cariösen Unterkiefermahlzahnes. Die benannte Röthung erstreckte sich durch die ganze Dicke des Zahnbeines; die Zahnpulpe war entzündet, blutig suffundirt. Die Zahnbeinkanälchen sind nicht in ihrem ganzen Querschnitte, entsprechend den Dentinzellenfortsätzen geröthet, sondern vorzugsweise in ihrem corticalen Bezirke, während ihr Centraltheil kaum gefärbt erscheint. Die Röthung der Zahnbeinkanälchen ist bis in die feinsten Nebenreiserchen und ihre zarten Ausstrahlungen gegen die Cementlage hin zu verfolgen. Die Grundsubstanz des Zahnbeines nimmt an der Färbung keinen Antheil. Vg. 600.

Fig. 95. Verfettung der Dentinzellenfortsätze in einem blahgelben, senilen Zahnbeine eines stark abgeriebenen Oberkiefermahlzahnes. Die nach Einwirkung erhitzter, verd. Salzsäure dargestellten Fortsätze besitzen variköse, kleinere oder grössere Schwellungen mit fettig glänzendem Inhalte. Die den optischen Eindruck von Fetttröpfchen machenden Körner sind häufig rosenkranzähnlich aneinander gereihet und sinken in ihrem Umfange bis zu jenem eines winzigen Molekels herab. Diese Metamorphose der Fortsätze findet jedoch nur an manchen Stellen des Zahnbeines statt und ist daselbst mit der Ansammlung von freien Fetttröpfchen (bei *a, a*) vergesellschaftet. Vg. 600.

Fig. 96. Von Canälen und Hohlräumen durchsetztes Zahnbein von den beiden längsdurchschnittenen Wurzeln eines oberen Backenzahnes. Von dem einen Wurzelkanale (*a*) gehen unter einem rechten Winkel zwei Nebengefässkanäle ab, von denen einer in seinem bogenförmigen Verlaufe durch die ganze Dicke des Zahnbeines in den Schnitt gefallen und eine Strecke

Plate X.

Fig. 92. Thickening of the processes of the dentinal cells having assumed a cartilagineous appearance, as not seldom occurs in the so called *caries humida*, especially in sap-brown tinged spots. The dentinal tubes cut across or obliquely are filled with, and extended by a highly refracting, shining, homogeneous mass, which seems convexly to project over the surface of the cut and is strongly defined from the fine molecular or granular intertubular substance. The latter, as well as the mass enclosed in the dentinal tubes, is in decay towards the carious external part of the dentine, showing only formless obscured clumps and having lost their texture. Magn. 600 diam.

Fig. 93. Knotty tumefactions of the thickened processes of dentinal cells from a cartilagineous dentine often occurring in the so called *caries humida*. The processes isolated by means of diluted heated muriatic acid taken from dentine next to the softened carious part are distinguished by their varying considerable thickness, fragility and a high refracting power; most of them are dimmed, covered with granules attached to their surface, tumefy sometimes here and there into unequal knots and send forth short lateral branches (*a, a*); the clumpy masses to be found in the bundle *b, b* are most probably globulated masses. Magn. 600 diam.

Fig. 94. Dentinal tubes, cut across, reddened by the colouring matter of the blood from a carious molar of the under-jaw; partly with a rosy appearance on the neck of the tooth. Their reddishness penetrated the whole thickness of the dentine; the pulp was inflamed, suffused with blood. The dentinal tubes are not reddened in their full extent when cut across, but principally in their cortical part, whilst their central one seems hardly to be tinged. The reddishness of the dentinal tubes is to be traced into the finest lateral branches and their delicate radiations towards the cementum. The intertubular substance of the dentine does not partake of the tinge. Magn. 600 diam.

Fig. 95. Fatty degeneration of the processes of the dentinal cells in a pale yellow senile dentine from a molar much worn out on the upper-jaw. The processes prepared with heated diluted muriatic acid have varicous, smaller or larger tumefactions with fatty shining contents. The granules making the optic impression of fatty drops are often to be seen in pater-noster-like rows and diminish in their circumference to that of a minute molecule. This metamorphosis of the processes, however, takes place only in some places of the dentine, and is there associated with an accumulation of free fatty drops (near *a, a*). Magn. 600 diam.

Fig. 96. Dentine permeated by canals and holes from both longitudinally cut roots of a bicuspid of the upper-jaw. Two lateral canals for vessels branch off under a right angle from the canal of one root; one of which in its archlike course pervades the whole thickness of the dentine and can be traced a certain distance into the cementum (near *b*). If we

weit in das Cement (bei *b*) zu verfolgen ist. Von dem anderen Wurzelkanale (*c*) zweigen sich mehrere, dünnere Seitenkanäle gleichfalls rechtwinkelig ab und beschreiben in ihrem peripheren Verlaufe einen flachen Bogen oder bilden eine Umbeugungsschlinge. In einem Bezirke des dem Cemente zunächst gelagerten Zahnbeines (bei *d*) ist letzteres von Resorptionsalveolen durchsetzt. Die Cementlage ist an dieser Wurzel beträchtlich dünner, als an der anderen Wurzel. Die Knochensubstanz (*e, e*) bildet die Verbindungsschichte der bis nahe an ihre Spitzen verschmolzenen Wurzeln. Vg. 10.

Fig. 97. Einerseits in Resorption begriffenes, andererseits von Hohlgängen und Neubildungen durchsetztes Zahnbein aus dem vorigen Längsschnitte der einen Wurzel eines oberen Backenzahnes. Unter der Cementlage (*a, a*), deren äussere Oberfläche (*b, b*) ein feindrusiges Ansehen darbietet, erscheinen oblonge, unregelmässige, bald von Kalksalzen erfüllte, undurchsichtige (*c*), bald eine mechanisch eingedrungene Luftblase einschliessende Hohlräume (*c'*) verschiedenen Umfanges, welche, wenn sie in die Peripherie des Zahnbeines eingreifen, meist eine dem Verlaufe der Zahnbeinkanälchen entsprechende Richtung einhalten, ja gewöhnlich einen trichterformigen Fortsatz aussenden, in welchen das eine oder andere Zahnbeinkanälchen ausmündet. Diese Hohlräume trifft man auch in von der Peripherie entfernteren Partien des Zahnbeines und nehmen dieselben häufig die Gestalt von an einem oder beiden Enden zugeschmälerten Hohlgängen an. Die letzteren in einem mehr ausgebildeten Zustande sind entlang des Verlaufes der Zahnbeinkanälchen öfters eine weite Strecke mit scharfer Begrenzung und von ziemlich gleichmässigen Dimensionen selbst bis in den Wurzelkanal zu verfolgen. Seltener beobachtet man eine Bifurcation (wie bei *d*), wo die beiden Zweige unter einem sehr spitzen Winkel abgehen und sich mittelst eines Querbogens wieder vereinen. Man wird ferner in der Nähe des letzteren einen gleichsam in das Zahnbein eingeschobenen, lappig scharf begrenzten Körper gewahr, der aus Globularmassen und zarten, sich ramificirenden Kanälchen besteht, somit eine junge Dentinneubildung vorstellt. Schliesslich sind noch die Deviationen der Zahnbeinkanälchen auffällig, welche in manchen Bezirken des Zahnbeins (zwischen *e* und *f*) zum Vorschein kommen, wobei die Ablenkung der Kanälchen sich nach dem Verlaufe des Hohlganges im Zahnbeine richtet, und die Endverzweigungen in mannigfachen Richtungen vor sich gehen; auch stösst man hierorts auf mit den Kanälchen in Verbindung stehende, den Knochenkörperchen gleichende Hohlräume. Vg. 100.

Fig. 98. Anastomosirende Gefässkanäle im Zahnbeine einer cariösen Wurzel eines Unterkiefermahlzahnes. Die Wurzelkanäle (*a* und *b*) senden unter einem rechten Winkel Zweige ab, welche, sich begegnend und zu einem Markraum erweitert, einen aufsteigenden Seitenzweig abgeben. Der letztere vereinigt sich mit analogen, näher der cariösen Stelle gerückten Gefässkanälen im Zahnbeine, und es erwächst hierdurch ein Kanalsystem ähnlich wie im Knochen. Auch bei näherer Besichtigung erweisen sich die besprochenen Kanäle analog den HAVERS'schen im Knochen und sind streckenweise mit einer Schichte von Globularmassen, ja selbst mit einer accessorischen, gegen das Zahnbein sich gekerbt und scharf abgrenzenden, deutlich entwickelten Knochensubstanz umkleidet, welche letztere den einen Wurzelkanal (*a*) begleitet und denselben als eine dicke Hülse umgibt. Eine ganz evidente Knochensubstanz mit vielstrahligen Körperchen umrankt auch die Gefässkanäle an vielen Orten. Die Oberfläche des Cementes ist durch eine bedeutend vorgeschrittene Resorption uneben und rauh geworden; bei *c* ist ein gänzlicher Defect desselben bemerkbar. Vg. 10.

direct our attention to the canal of the other root (*c*), we see several smaller, lateral canals equally branching off under a right angle, and going to the periphery they form a flattened bow and even a loop. The dentine (near *d*) in its part next to the cementum is permeated by alveoli of resorption. The cementum on this root is considerably thinner than on the other one. The osseous substance (*e, e*) unites the roots almost to their tops. Mag. 10 diam.

Fig. 97. Dentine partly being in resorption, partly permeated by canals and studded with new formations from the preceding longitudinal section of one of the roots. Oblong irregular holes (*c'*) of different size, here adiaphanous *c*) by being filled with lime, there including air mechanically intruded, are to be observed under the cementum *a. a*, the external surface of which (*b, b*) presents the appearance as if it were composed of small projecting globules. When the holes extend as far as the periphery of the dentine, they mostly follow the direction of the dentinal tubes, even commonly send off an infundibuliform process, into which one or the other of the dentinal tubes inosculate. These holes are likewise to be found in parts of the dentine more remote from the periphery, and often assume the form of canals diminishing at one or both ends. The canals in their more accomplished state are to be traced along the direction of the dentinal tubes, not seldom a longer way, with well defined outline and almost equal dimensions even into the canal of the root. A bifurcation (as in *d*) is rarely to be observed, where the two branches part under a very acute angle and join again by means of a transverse bow. In the neighbourhood of the latter a well defined lobulated body is to be seen as it were intruded into the dentine; it consists of globulated masses and delicate ramified tubes and is therefore a young new formation of dentine. Finally the deviations of the dentinal tubes are remarkable coming in sight in some regions of the dentine between *e* and *f*, whereby the deviations of the dentinal tubes follow somewhat the course of the lateral canal in the dentine; the peripherical branching is still more irregular and manifold; their ends communicate with small holes similar to corpuscles of bone. Magn. 100 diam.

Fig. 98. Anastomosing canals for vessels in the dentine of a carious root from a molar of the under-jaw. The canals of the root (*a* and *b*) send off branches under a right angle, which, on meeting, are extended to a hole and deliver an ascending lateral branch. The latter unites with analogous canals drawn nearer to the carious place in the dentine; here a system of canals is formed similar to that in bone. The canals mentioned when examined more carefully afford analogy with the Haversian ones in the bone and are overcast at certain distances with a layer of globular masses, even with an accessory, well developed osseous substance showing a notched, well defined line towards the dentine and following the one canal (*a*) of the roots overcasting it as a thick cover. A most evident osseous substance with multiradiated corpuscles surrounds the canals for vessels in many places. The surface of the cementum has become uneven and rough by a considerably advanced resorption; near *c*) a total absence of the cementum is to be remarked. Magn. 10 diam.

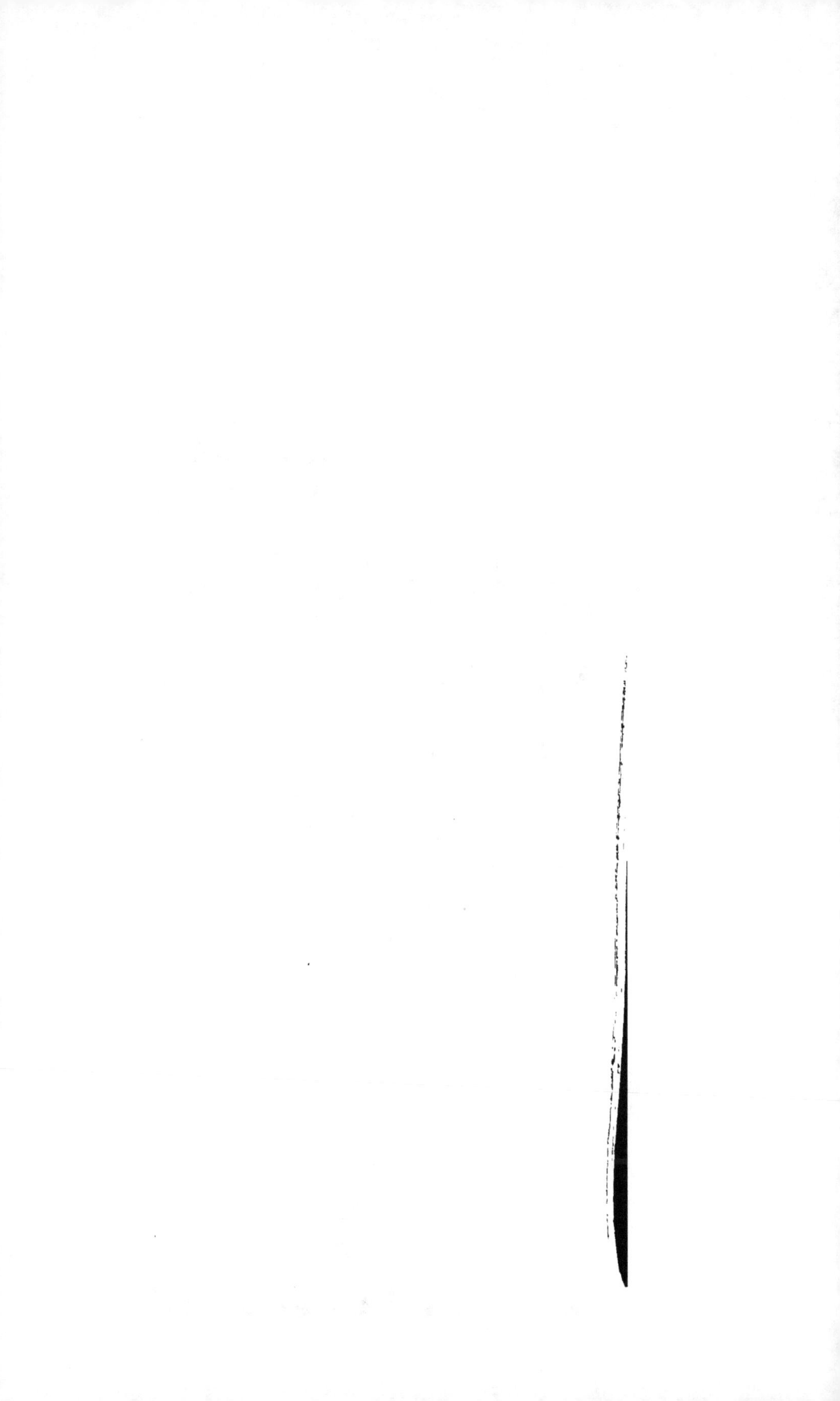

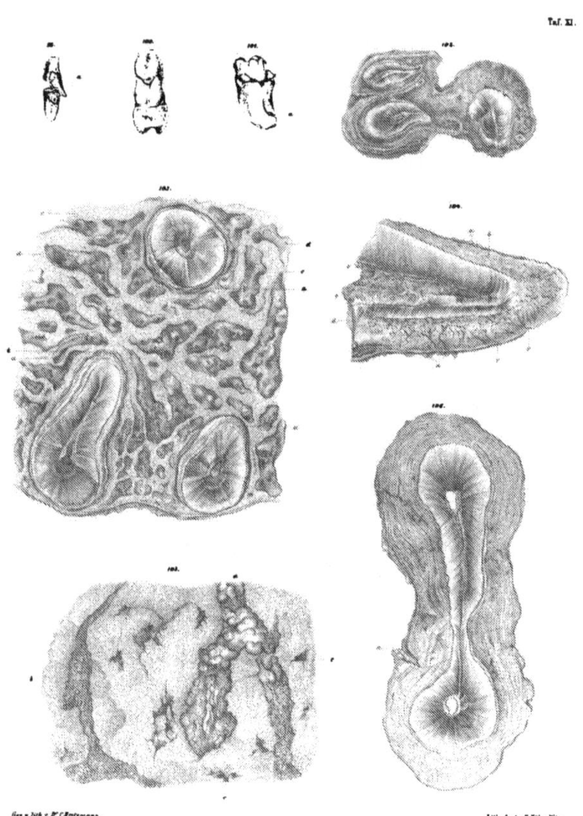

Gez. u. lith. v. Dr. C. Brützmann.
Lith. Anst. v. F. Köke, Wien.

Tafel XI.

Fig. 99. Scharf abgegrenzter, erworbener Defect des Schmelzes und Zahnbeines in der Nähe des Zahnhalses an einem unteren, stark abgenützten Schneidezahne. Die dem Beschauer zugekehrte Seitenfläche, so wie auch die der Zunge zugewendete Fläche sind mit einer beträchtlichen Lage Zahnsteines (*a*) besetzt. Die der Lippe zugekehrte Fläche des Zahnes zeigt einen bis an den Wurzelkanal reichenden keilförmigen Einschnitt, dessen untere, der Wurzel anliegende Fläche horizontal gelagert ist und mit der gegen den Schmelz schief ansteigenden Fläche einen Winkel von etwa 45° einschliesst. Die neuentstandenen Flächen sind hart, vollkommen glatt polirt, scharfkantig begrenzt und normal gefärbt bis auf eine kleine, dem Wurzelkanale entsprechende Stelle, welche blassgelb gefärbt ist. N. G.

Fig. 100. Cementhypertrophie eines oberen, an seiner Krone cariösen Backenzahnes. Die Wurzel ist von der Spitze herab in ihrer halben Länge mit einer hochgradig hypertrophischen, scharf abgegrenzten Cementlage kappenförmig überzogen. Am Zahnhalse ist eine braune, ringsumlaufende Verfärbung mit einer seichten Rinnenbildung in Folge daselbst beginnender *caries* ersichtlich. N. G.

Fig. 101. Cementhypertrophie eines unteren cariösen Weisheitszahnes. Die verschmolzenen Wurzeln sind bis auf eine kleine Stelle bei *a* von ihren Spitzen bis zum Zahnhalse mit einer beträchtlich dicken Cementlage gleichmässig kappenförmig überzogen. Dieser oberflächlich glatte Ueberzug von reichlichem Cement ist gegen den Zahnhals scharf abgesetzt und durch eine vorspringende Leiste markirt. N. G.

Fig. 102. Querschnitt durch die drei Wurzelspitzen eines oberen Mahlzahnes, welche durch eine beträchtliche hypertrophische Cementlage untereinander fest verbunden sind. Die Cementschichten sind von ungleicher Mächtigkeit, nur stellenweise concentrisch, meist jedoch unregelmässig angeordnet und fleckenweise getrübt. Die vielstrahligen Knochenkörperchen sind so nahe an einander gerückt, die Intercorpuscularsubstanz oft sehr dunkel, streifig, dass einerseits die bemerkten Trübungen ihre Erklärungen finden und andererseits die Gefässkanäle grösstentheils verdeckt werden. Die Begrenzung zwischen Cement und Zahnbein ist nicht so prägnant und abgerundet, wie im Normalzustande, indem die Knochensubstanz beinahe allenthalben mehr oder weniger in die peripheren Schichten des Zahnbeines eingreift. Betrachtet man letzteres näher, so findet man sehr zahlreiche dunkle Hohlräume mitten in seiner Substanz, was offenbar auf eine mit der Cementhypertrophie Hand in Hand gehende Resorption des Zahnbeines hinweist. Vg. 6.

Fig. 103. Einseitige Cementhypertrophie an den drei querdurchschnittenen Wurzelspitzen eines Oberkiefermahlzahnes sammt dem sie umgebenden Knochengewebe. Das verdickte Cement umgiebt nicht gleichförmig das Zahnbein, sondern tritt an den einander zugewendeten Seiten der Wurzeln (bei *a, a, a*) hervor; es ist concentrisch geschichtet und stehen die Knochenkörperchen in ungleicher Distanz und Vertheilung. Die Wurzelhaut (*b*) ist gemäss den dickeren Partien des Cementes auch stärker entwickelt. Das Zahnbein mit seinen strahlenförmigen Kanälchen hat in seinen peripheren Bezirken hie und da eine Texturveränderung insofern

Plate XI.

Fig. 99. Sharp-edged, acquired defect of the enamel and dentine in the neighbourhood of the neck of the tooth on a much worn out incisor of the under-jaw. The lateral surface turned to the observer as well as the lingual surface are covered with a considerable layer of tartar (*a*). The labial surface of the tooth shows a wedgewise incision extending to the canal of the root; the lower surface of that incision attached to the root has a horizontal position and forms an angle of about 45° with the other surface ascending obliquely towards the enamel. The new-described surfaces are hard, perfectly polished, smooth, sharply bordered and of a normal tinge, except a small yellow-tinged spot corresponding to the canal of the root. Nat. size.

Fig. 100. Hypertrophy of cementum of a carious bicuspid of the upper-jaw. Half of the length of the root is overcast from the top downwards with a very considerable, hypertrophic, well defined layer of cementum in the shape of a cap. On the neck of the tooth a brown spreading discoloration with a flat furrow is to be observed in consequence of commencement of caries. Nat. size.

Fig. 101. Hypertrophy of cementum of a carious wisdom-tooth of the under-jaw. The blended roots are uniformly overcast with a mighty thick cementum like a cap from their tops up to the neck of the tooth, except a small spot at *a*). That superficially smooth cast of thickened cementum shows a sort of heel on the neck of the tooth being marked by a projecting ledge. Nat. size.

Fig. 102. Transverse section through the tops of the three roots of a molar of the upper-jaw; the roots are fastened together by a considerable hypertrophic layer of cementum. The layers of the last are of unequal size, only in some places concentrically, but mostly irregularly arranged, and show dim spots. The multiradiated corpuscles of bone stick so close together, the substance between the corpuscles is often so darkly striated, that the canals for the vessels are mostly covered, and the dim spots are thus produced. The border between the cementum and dentine is not so well defined and rounded as in the normal state, because the osseous substance is almost everywhere intruded more or less into the peripherical strata of the dentine. If you consider the latter more accurately, you find very numerous dark holes in the middle of its substance, which evidently proves the process of resorption of dentine going along with the hypertrophy of the cementum. Magn. 6 diam.

Fig. 103. Unilateral hypertrophy of cementum on three transversely cut tops of the roots belonging to a molar of the upper-jaw with the osseous substance surrounding them. The thickened cementum does not equally enclose the dentine, but is to be observed on the sides of the roots facing one another (near *a, a, a*); the concentric layers of the osseous corpuscles are arranged in unequal distance and distribution. The periosteum of the root (*b*) is proportionally stronger in conformity with the thicker parts of the cementum. The dentine with its radiated tubes has suffered a change of texture here and there in its peripheric parts in so far as osseous substance begins to intrude.

erlitten, als Knochensubstanz sich einzudrängen beginnt. Zwischen den Zahnwurzeln ziehen die netzförmig verbundenen Knochenbälkchen (c, c) und schliessen die Markräume (d, d) ein. Vg. 10.

Fig. 104. Cementhypertrophie mit verkalkten zahlreichen Kanälen im Zahnbeine einer cariösen extrahirten Wurzelspitze. Von der verdickten und getrübten Wurzelhaut sind an den meisten Stellen noch Ueberreste (a, a) hängen geblieben. Das beträchtlich dicke Cement nimmt gegen die Wurzelspitze zu und zeigt hie und da (b) wellenförmig geschichtete Lagen. An der Wurzelspitze selbst beobachtet man im Cement viele dunkle, mit Kalksalzen erfüllte, unregelmässige Hohlräume und ähnliche, meist schief in den Schnitt gefallene Hohlgänge. Zuweilen trifft es sich, dass man den Eintritt eines solchen Ganges in die oberflächliche Cementschichte (c, c) wahrnehmen kann. Das System von sich ramificirenden, manchmal blind endigenden Kanälen, welches in die Zahnbeinschichte (d) eingreift, ist in diesem Falle hochgradig entwickelt und überdeckt die durchscheinende äussere Zone des Zahnbeines. Die Ramification der Hohlgänge im Zahnbeine findet von dessen Peripherie aus statt; man sieht in der Richtung von d einen in einer längeren Ausdehnung zu verfolgenden Hohlgang verlaufen, welcher sich unter einem rechten Winkel mit den Zahnbeinkanälchen kreuzt. An der inneren Oberfläche des Zahnbeines im Wurzelkanale hat eine beträchtliche Resorption (zwischen e, e) mit tief in das Zahnbein eingreifenden Alveolen stattgefunden. Vg. 6.

Fig. 105. Von dem hypertrophischen Cement in das Zahnbein hineinragende, verkalkte Hohlgänge und Hohlräume, dem vorigen Falle angehörig. Es ergiebt sich bei näherer Betrachtung, dass die Hohlgänge von ungleichmässigem Querschnitte in ihrem Verlaufe an ihrer inneren Oberfläche mit zahlreichen Kalkkörnern besetzt sind und gegen ihre Aussenwand hin bedeutende Unebenheiten in Folge von glatten Drusen verschiedenen Diameters aufweisen (a). Die zunächst den Hohlgang umgebende Masse (b) sondert sich von der Grundsubstanz durch einen scharfen, meist etwas helleren Saum ab, ist in ihrem Inneren von strahlig körnigem Gefüge, tritt jedoch nicht allenthalben als Umhüllung des Hohlganges auf, und ist um so mehr als sich abgrenzende rudimentäre Anlage von Knochensubstanz anzusehen, als im weiteren Verfolge hie und da junge Knochenkörperchen zum Vorschein kommen. Die dunklen Körper mit unregelmässiger Gestalt und gleichmässigem Volumen sammt ihren ungleichförmig abgehenden Kanälchen (c, c) sind durch den Resorptionsprocess missgestaltete Knochenkörperchen. Die Grundsubstanz ist durchscheinend, hie und da von einem ungemein zarten, netzförmigen oder streifigen Ansehen. Vg. 350.

Fig. 106. Hochgradige, concentrische Cementhypertrophie an den querdurchschnittenen Wurzelspitzen eines Unterkiefermahlzahnes. Die zahlreichen neugebildeten Cementlagen umkreisen nach Art von Jahresringen im Holze das Zahnbein mit dessen strahlig auslaufenden Kanälchen und den central gelegenen, querdurchschnittenen Wurzelkanälen. Gefässkanäle, ähnlich den Havers'schen im Knochen durchkreuzen in verschiedenen Richtungen das Cement, senken sich von dessen Oberfläche ein und dringen, sich ramificirend, bis gegen das Zahnbein vor. Manchmal schiebt sich die verdickte Wurzelhaut trichterförmig zwischen die peripheren Cementschichten ein (a), und von ihr aus gehen Gefässe in das Cement ab. Vg. 10.

The lamellae of bone (c, c) united to a network extend between the roots of the tooth and enclose the holes for marrow. Magn. 10 diam.

Fig. 104. Hypertrophy of cementum with many calcified canals in the dentine from an extracted top of a root. Remains of thickened and dull periosteum of the root (a, a) still adhere in most places. The considerably thick cementum augments towards the top of the root, and shows here and there (b) undulating layers. One observes on the top of the root in the cementum many dark, irregular holes filled up with lime, and similar canals mostly in oblique section. Sometimes it happens, that the entrance of such a canal can be seen into the superficial layer of cementum (c, c). The system of ramified canals with sometimes blind ends intruding into the stratum of dentine (d), is highly developed in that case and almost covers the transparent external zone of the dentine. The ramification of the canals in the dentine proceeds from its periphery; in the direction of d) a canal is to be traced in a longer extension crossing with the dentinal tubes under a right angle. A considerable resorption (between e, e) with alveols deeply protruding into the dentine has taken place on the internal surface of the dentine in the canal of the root. Magn. 6 diam.

Fig. 105. Calcified canals and holes entering from the hypertrophic cementum into the dentine belonging to the preceding case. A nearer examination proves, that the canals of unequal size in their course are covered with many lime-granules on their internal surface, and present a considerable unevenness towards their outside in consequence of smooth globes of different diameter (a) adhering to them. The mass nearest to the canal (b) segregates from the fundamental substance by a well delineated somewhat clearer edge, is of a radiated granular structure, it is, however. not to be found everywhere as a covering of the canal, and is rather to be regarded as a defined rudimentary deposit of osseous substance, for, when traced further, young corpuscles of bone become visible here and there. The dark bodies of irregular form and unequal volume with their canaliculi branching off (c, c) most probably are corpuscles of bone disfigured by the process of resorption. The fundamental substance is diaphanous, here and there of a minute netlike or striated appearance. Magn. 350 diam.

Fig. 106. Highly developed concentric hypertrophy of cementum on the transversely cut tops of the roots from a molar of the under-jaw. The numerous new-formed layers of cementum surround not unlike the annual rings in wood the dentine with its radiated tubes and the centrally situated transversely cut canals of the root. Canals for vessels, similar to those Haversian ones in bone, cross the cementum in several directions, enter from its periphery and reach the dentine in their ramifications. The thickened periosteum of the root sometimes intrudes like an infundibulum between the peripheric layers of cementum (a) and sends off vessels into the cementum. Magn. 10 diam.

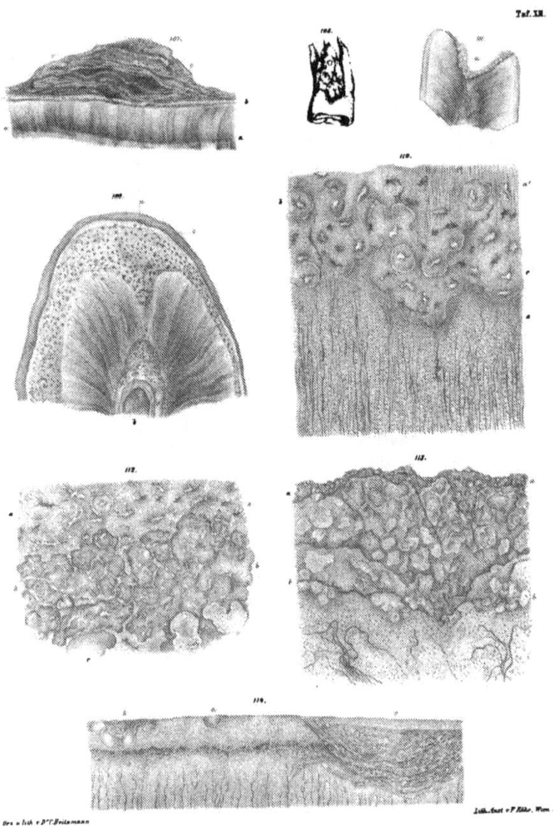

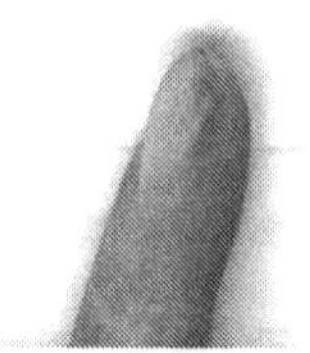

Tafel XII.

Fig. 107. Auf einen Bezirk beschränkte Hypertrophie
Cementes (Exostose) der Wurzel eines Oberkiefermahl-
nes. In dem nach der Längenaxe der Wurzel geführten
rchschnitte entspricht dem Zahnbeine (a, a) eine dünne
nentlage (b, b), welche im weiteren Verlaufe als die dem
reffenden Wurzelabschnitte ursprünglich zukommende sich
eist und den neuen Cementschichten (c, c) als Basis dient.
selben erheben sich, in wellenförmigen Zügen ansteigend,
rächtlich über das Niveau des Cementes und bilden den
inigen Bestandtheil der pyramidenartig aufgebauten Ex-
scenz. Die zahlreichen, punktförmig erscheinenden, inein-
.er geschobenen Lagen von Knochenkörperchen werden an
nchen Stellen durch eine dazwischen tretende undurchsich-
e, verkalkte Masse ganz unkenntlich. Vg. 10.

Fig. 108. Warzenähnliche Cementwucherung (Exostose)
der vorderen, äusseren Wurzel eines rechten Oberkiefer-
olzahnes mit abgeriebener Kaufläche. Die knochigen
:rescenzen reichen von der Wurzelspitze bis an den Zahn-
a, sind an ihrer Oberfläche abgerundet, glatt und beschrän-
. sich auf die Vorderseite der Wurzel. N. G.

Fig. 109. Eine den Wurzelkanal theilweise umgebende
ochenschichte in einer querdurchschnittenen Wurzel eines
erkiefermahlzahnes. Das theilweise verdickte Cement senkt
a an einer Stelle (in der Richtung von a) trichterförmig mit
arfer Demarkation in das Zahnbein ein. Entsprechend die-
a Trichter von Cementsubstanz greift andererseits von der
gebung des Wurzelkanales (b) aus ein mit deutlich ent-
kelten Knochenkörperchen ausgestattetes Gewebe gleich-
s mit scharflappiger Begrenzung in das Zahnbein ein. Eine
regnung der beiden trichterförmigen Knochenlagen vom
nent und der Umgebung des Wurzelkanales aus ist wohl
diesem Querschnitte nicht ersichtlich, dürfte aber an einer
eren oder tieferen Stelle der Wurzel stattgefunden haben.
a umhüllende Wurzelhaut (c) ist conform der verschiedenen
cke des Cementes von ungleicher Mächtigkeit. Vg. 50.

Fig. 110. Lappig begrenzte Wucherungen von junger
ochensubstanz in dem peripheren Bezirke des Zahnbeines
er der in theilweiser Resorption begriffenen Wurzeln eines
eren Milchbackenzahnes. An der äusseren Oberfläche der
en Wurzel wurde eine kaum über das Niveau sich erhe-
de, unregelmässig begrenzte Stelle in der ohngefähren Aus-
anung von 3—4 Quadratmillim. gefunden, welche Stelle
er hypertrophischen Cementlage entsprach. Am Längen-
nitte beobachtete man nun, dass eine nett begrenzte Knochen-
stanz in die peripheren Bezirke der Zahnbeinschichten (a,
eingeschoben ist. Es sind nämlich die ausstrahlenden Ka-
chen der Knochenkörperchen mit einer kapselartig sie ab-
liessenden, hellen, dünnen Umhüllungsschicht umgeben,
l zwar bald je ein Knochenkörperchen (b), bald deren zwei
r mehrere, wodurch lappenartig begrenzte Systeme dersel-
a (c) zum Vorschein kommen. Die Knochenkörperchen sind
tfig missgestaltet, spaltenförmig mit einander verschmolzen
l in Folge eines eingeleiteten Resorptionsprocesses trübe,
deutlich. Die im Zahnbeine (z. B. bei a) nicht selten vor-
nmenden spaltenförmigen Hohlräume sind gleichfalls nur
eine Theilerscheinung der Resorption aufzufassen. Vg. 350.

Fig. 111. Längenschnitt durch die usurirte Wurzel-
tze eines Milchbackenzahnes des Oberkiefers. Es hatte sich
a einer Wurzelspitze aus eine trichterförmige Einsenkung
: einem entsprechenden Substanzverluste an Cement und
nnbein gebildet. Die äussere Wand dieser Bucht (a) ist

Plate XII.

Fig. 107. Hypertrophy of the cementum restricted to
one region of the root from a molar-tooth of the upper-jaw
(Exostosis). A thin layer of cementum (b, b) corresponds to
the dentine (a, a) in the section made along the longitudinal
axis of the root and when farther traced proves to be the only
layer originally due to the respective segment of the root, besides
serving as a base for the new strata of cementum (c, o). The
latter rising in wavelike superpositions rise considerably above
the surface of the cementum and form the only constituent
part of the pyramidal excrescence. The numerous interlaced
strata of osseous corpuscles looking like points have become quite
indiscernible in some places through an interfering untransparent calcified mass. Magn. 10 diam.

Fig. 108. Warty excrescence of cementum (exostosis)
on the anterior external root of a right molar from the upper-
jaw with the masticatory surface rubbed off. The osseous excrescences extend from the top of the root to the neck of the
tooth, are rounded and smooth on their surface, and restricted
to the anterior side of the root. Nat. size.

Fig. 109. An osseous layer partly overcasting the canal
of the root in a transversely cut root of a molar of the upper-
jaw. The partially thickened cementum is immersed in one
place (in the direction of a) in the dentine, infundibuliform
and well defined. Opposite to that infundibulum of cementum
an osseous substance with fully developed corpuscles and lobed
outlines is intruded into the dentine from the other side of the
neighbourhood of the canal of the root (b). A union of both
infundibuliform osseous sets from the cementum and canal of
the root is not visible in this section, but may possibly have
taken place in a higher or deeper spot of the root. The attached periosteum of the root is proportioned to the different
thickness of the cementum of unequal size. Magn. 50 diam.

Fig. 110. Lobate prolifications of young osseous substance in the peripheric district of the dentine from roots partly
in the course of resorption of a temporary molar of the under-jaw.
An irregular hypertrophic layer of cementum scarcely elevated
in the circumference of about 3—4 square-millim. was to be
found on the external surface of one root. The longitudinal
section shows, that a nicely defined osseous substance is intruded into the peripheric districts of the dentine (a, a'). The
radiating canaliculi of the bone-corpuscles are enclosed by a
clear, thin, enveloping layer capsulating them, sometimes one
corpuscle (b), sometimes two or more, whereby lobed systems
of them (c) not unlike the racemiferous glands are formed.
The corpuscles are often disfigured like irregular clefts, blended
together and are irrecognizably obscured in consequence of
resorption having taken place. The holes not rarely occurring
in the dentine (f. i. near a) are equally but a symptom of resorption. Magn. 350 diam.

Fig. 111. Longitudinal section through the root of a
temporary molar of the upper-jaw having usura on its top. An
infundibuliform hole had been formed on the top of the root
with a corresponding loss of dentine and cementum. The external wall of that hole (a) is rough and uneven, as many

rauh und uneben, da eine Menge aneinander grenzender, muldenförmiger Vertiefungen an der sonst normalen Zahnbeinoberfläche vorkommen. Aehnliche muldenförmige Zahnbeinusuren trifft man auch an der inneren Oberfläche des Wurzelkanales, der mit Einbusse seiner Glätte eine ungleichmässige Ausdehnung erlitten hat. Vg. 10.

Fig. 112. In Resorption begriffenes Cement von der gleichsam angenagten Wurzel eines Milchbackenzahnes des Unterkiefers. Der entsprechend der Cementlage oberflächlich geführte Schnitt zeigt, dass die Knochenkörperchen streckenweise noch vorhanden sind, andererseits hingegen fehlen. Die Knochenkörperchen der erstgenannten Stelle (a, a) sind hier und da noch abgekapselt, also jüngeren Datums; die Grund- oder Intercorpuscularsubstanz ist fleckenweise getrübt. Die zweite oder Resorptionszone (b, b) ist von der ersteren durch eine scharf begrenzte, unregelmässig gekerbte Einsenkung geschieden und von leistenförmigen, sich ramificirenden, zu einem zarten Netze verbundenen Vorsprüngen durchzogen. Die hierdurch gebildeten Alveolen sind wolkig getrübt und schliessen hie und da das zur Auflösung bestimmte prominirende Knochenkörperchen noch ein. Dort, wo diese Körperchen fehlen, macht es den Eindruck, als ob sie mit ihren Kanälchen weggeätzt worden und nur mehr die sie trennenden Lamellen übrig geblieben wären. Wenn die Usur einen noch höheren Grad erreicht hat (wie in c, c), sind nur mehr ganz dünne, transparente Reste der Grundsubstanz sichtbar. Vg. 350.

Fig. 113. Resorption des Cementes von der Wurzel eines senilen Zahnes. Der der rauhen Cementoberfläche entsprechende Rand (a, a) des Durchschnittes hat seine ihm sonst zukommende Glätte eingebüsst und ist mit einer Menge kleindrusiger Hervorragungen besetzt. Die Knochenkörperchen sind an der abgebildeten Stelle gänzlich verschwunden und anstatt derselben durchscheinende Alveolen getreten, welche von leistenartig sich erhebenden, zuweilen netzförmig verbundenen Vorsprüngen umsäumt werden. Diese auf eine stattgefundene Resorption hinweisenden Alveolen sind oft mehr, oft weniger in das Zahnbein vorgeschoben und kennzeichnen sich auch hier durch eine scharfe, abgerundete, lappenähnliche Begrenzung (b, b). Aehnliche Resorptionserscheinungen findet man auch im Wurzelkanale an der Innenseite des Zahnbeines. Vg. 350.

Fig. 114. Beginnende Cement- und Zahnbeinresorption (Usur) bei Sclerose der Wurzelhaut an einem oberen, vollkommen gesunden Backenzahne mit einer anscheinend normalen Pulpe. Das verdickte, von Zellenwucherungen durchsetzte und getrübte Zahnperiost haftet der rauhen Cementoberfläche der atrophischen Wurzelspitze fest an und besitzt zahlreiche, aus den Alveolen der Zahnzelle offenbar hervorgezogene, fransenartige Verlängerungen. Dünne Querschnitte der Wurzel lehren, dass an einigen Stellen schüsselförmige Gruben mit totalem Mangel des Cementes und partiellem Defect des oberflächlichen Zahnbeines entstanden sind. Verfolgt man die Entwickelung dieser Substanzdefecte, so gelangt man an solche Stellen, wie die abgebildeten. Es erscheint anstatt der Cementsubstanz eine von der Oberfläche in die Tiefe sich einsenkende, kapselartig abgegrenzte, das Segment einer Kugel darstellende Masse (a), oder es sind deren mehrere aneinander gehäuft (b), welche vorerst keine besondere Structur nachweisen lassen. Macht sich in ihnen eine Zerklüftung bemerkbar (wie bei b), so deutet das auf einen beginnenden Substanzverlust hin. Greift der Resorptionsprocess tiefer in das Zahnbein selbst (wie bei c) ein, so erhält letzteres das Ansehen, als ob es von wellenförmigen Furchen mit schräg übergespannten Leistchen durchzogen wäre, ohne dass jedoch die zunächst liegende Zahnbeinschichte eine Texturanomalie gewahr werden lässt. Vg. 350.

juxtaposited hemispherical excavations appear on the surface of the quite normal dentine. Similar hemispherical usurae of dentine are likewise to be found on the internal surface of the canal of the root, which with the loss of its smoothness has acquired a disproportional dilatation. Magn. 10 diam.

Fig. 112. Cementum in the course of resorption from the root, eaten into as it were, of a temporary molar of the under-jaw. The section made superficially corresponding to the layer of cementum shows, that the osseous corpuscles are still to be seen in some places, while in others they are not. The corpuscles (a, a) here and there are still capsulated, therefore of younger date; the fundamental or intercorpuscular substance looks spotted. The second or zone of resorption (b, b) is separated from the first mentioned by a well defined irregularly notched depression and permeated by projecting ramified ledges united to a fine network. The alveols formed thereby are dimmed and inclose still here and there the prominent corpuscle destined for resorption. Where the corpuscles are wanting, it makes the impression as if they had been corroded with their canaliculi in such a way, that the lamellae separating them only remained. When the resorption has reached a higher degree (as in c, c), only very thin, transparent rests of the fundamental substance are still to be seen. Magn. 350 diam.

Fig. 113. Resorption of the cementum from the root of a senile tooth. The margin (a, a) of the section, corresponding to the rough surface of the cementum, has lost its peculiar evenness and is covered with many hemispherical projections. The osseous corpuscles have fully disappeared on the copied part, and instead of corpuscles there appear transparent alveols formed by projecting ledges. These alveols proving a previous resorption are often more or less pushed in the dentine and here likewise are characterized by a well defined rounded, lobed outline (b, b). Equal symptoms of resorption are to be found in the canal of the root on the inner side of the dentine. Magn. 350 diam.

Fig. 114. Inchoate resorption of cementum and dentine (usura) combined with sclerosis of the periosteum of the root from a perfectly sound bicuspid of the upper-jaw with apparently normal pulp. The thickened and troubled periosteum is crowded with prolifications of cells, firmly adheres to the rough surface of the cementum on the atrophic top of the root and shows a good many fringed prolongations evidently drawn out of the alveols of the cells of the tooth. Thin transverse sections of the root prove, that bowl-like excavations have been formed with a total absence of the cementum and a partial one of the peripheric dentine. The copied parts show the evolution of these defects of substance. You see instead of the cementum a mass penetrating from the surface (a), as if lined with a capsule forming the segment of a globe, or there are more crowded together (b) which at first do not show any particular structure. If any disruption is to be observed in them (as near b), then it is a sign of the commencement of loss of substance. If the process of resorption penetrates deeper into the dentine (as near c), the latter looks as if it had been permeated by wavy furrows with obliquely bent ledges; the dentine, however, being nearest does not show any anomaly of texture whatever. Magn. 350 diam.

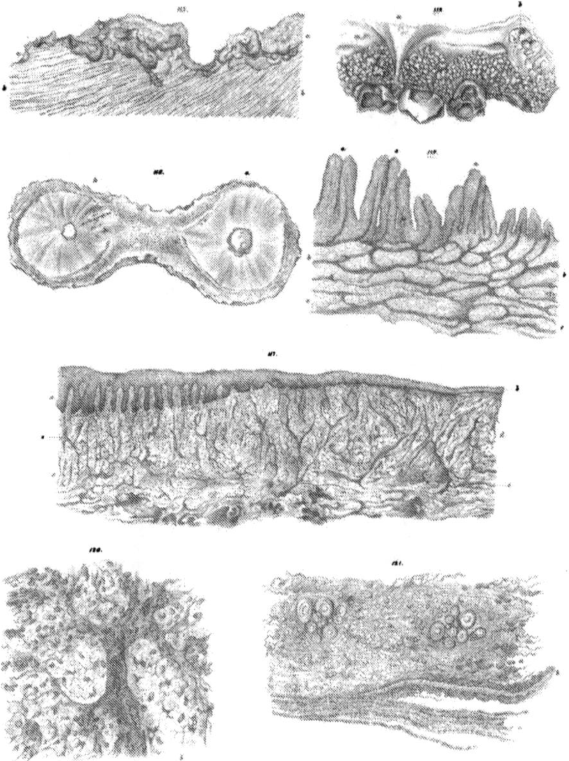

Tafel XIII.

Fig. 115. Segment eines usurirten Zahnbeines von der Wurzelspitze eines unteren Schneidezahnes mit Abscess in der Wurzelhaut. Die von zerfallendem Eiter umspülte Wurzelspitze bietet ein gleichsam angenagtes Ansehen dar. An ausgedehnten Strecken fehlt das Cement gänzlich und ein beträchtlicher Theil des nachbarlichen Zahnbeines, dessen zu Tage liegende oberflächliche Schicht, in hohem Grade uneben geworden, zeigt im Durchschnitte eine Menge unregelmässiger, muldenförmiger, scharfrandiger Buchten. Am Grunde derselben findet man eine feinkörnige Masse (organischer *detritus*). Das angrenzende Zahnbein (*b, b*) ist anscheinend normal. Vg. 350.

Fig. 116. Usur des hypertrophischen Cementes an einem Querschnitte der Wurzelspitze eines stark abgenutzten oberen Backenzahnes mit übrigens unversehrter Krone. Die Oberfläche des hypertrophischen Cementes ist rauh in Folge zahlreicher wellenförmiger Aus- und Einbuchtungen, welche dem Schnitte stellenweise ein sägeförmiges Ansehen verleihen. Das Cement ist von ungleicher Mächtigkeit und bei *a* gänzlich usurirt. In dem von *b* einwärts gelegenen Abschnitte des Zahnbeines bemerkt man eine Gruppe von dunklen Hohlräumen in einer mehr transparenten Schicht bei einem ungeregelten Verlaufe der Zahnbeincanälchen. Die Wandungen der querdurchschnittenen Wurzelcanäle besitzen eine gekerbte Oberfläche und sind theilweise mit Knochensubstanz ausgekleidet. Vg 20.

Fig. 117. Durchschnitt des Zahnfleisches mit dem Uebergange in die dichte, glatte Narbe, welche sich über der vernarbten Zelle eines Oberkiefermahlzahnes gebildet hatte. Der Papillarkörper der Schleimhaut mit seinem mächtigen, zwischen die einzelnen Papillen sich einschiebenden Epithel (*a*) verschwindet nach und nach gegen die Narbe hin. Die Papillen werden stumpfer und kürzer, sind in weitere Entfernungen von einander gerückt, und die Oberfläche der Lederhaut wird nahezu glatt (*b*); das geschichtete Plattenepithel nimmt in demselben Masse an Dicke ab. Die nach Behandlung mit Essigsäure vortretenden Streifenzüge (*c*) in der Substanz der Lederhaut steigen, sich verzweigend gegen die Papillen, gerade auf, während sie in der Narbensubstanz (*d*) eine vorwiegend schiefe Richtung zur Oberfläche einhalten. An den Uebergängen in das submucöse Bindegewebe (*e, e*) mit getrübten Flecken und eingestreuten Fettzellen nehmen die Streifenzüge einen mehr horizontalen Verlauf an. Die letzteren erweisen sich bei genauerer Betrachtung als in ihren bindegewebigen Scheiden verlaufende Nerven und Gefässe. Vg. 25.

Fig. 118. Papillöse Wucherungen am Zahnfleische des Oberkiefers. Die Wucherungen erstrecken sich zu beiden Seiten des Lippenbändchens (*a*) entsprechend den Zahnfleischbogen der cariösen Schneide- und Eckzähne, ragen als glatte, abgerundete, in Gruppen beisammenstehende Zäpfchen hervor und setzen sich in die Zwischenräume der einzelnen Zähne fort. Ueberhalb des an der Krone gänzlich von *caries* zerstörten linken Eckzahnes liegt eine fistulöse Oeffnung (*b*), welche zu einer grösseren Knochenabscesshohle führt. Nach Wegnahme der Zahnfleischlage gelangt man zu dem, insbesondere gegen den Alveolarrand hin sehnenartig verdickten Periost, welches, schwer von dem Knochen abzulösen, in feinen Schnitten

Plate XIII.

Fig. 115. Segment of dentine being in absorption from the end of the root of an incisor of the under-jaw with an abscess in the periosteum. The end of the root covered with decaying pus affords an eroded appearance. The cementum is totally missed in extended places, and a considerable part of the neighbouring dentine, the superficial layer of which has become uneven in a high degree, shows many irregular bowl-like excavations with sharp outlines. A fine molecular mass (organic detritus) is to be found at the bottom of these excavations. The adjoining dentine (*b, b*) has quite a normal appearance. Magn. 350 diam.

Fig. 116. Absorption of the hypertrophied cementum on a transverse section of the end of the root from a much worn-out bicuspid of the upper-jaw, the crown besides being quite complete. The surface of the hypertrophied cementum is rough in consequence of numerous wavy protrusions and excavations, which give the section a saw-like appearance in some places. The cementum is of unequal size and near *a* totally absorbed. A group of dark holes is to be observed in the dentine inwards from *b*, imbedded in a more diaphanous layer with dentine tubes running irregularly. The walls of the transversely cut canals of the root have a notched surface and are partially covered with osseous substance. Magn. 20 diam.

Fig. 117. Section of the gum with the transition into the compact, smooth scar having been formed on the cicatrised alveolus of a molar of the upper-jaw. The corpus papillare of the mucous membrane with its thick epithelium (*a*) inserted between the single papillae gradually disappears near the scar. The papillae become blunter and shorter, are removed at greater distances from each other, and the surface of the corium is nearly flat (*b*); the strata of the epithelium diminish in size in the same measure. The striæ (*c*) appearing after treatment by acetic acid in the substance of the corium ascend perpendicularly towards the papillae after having ramified, whilst they mostly observe an oblique direction towards the surface in the cicatrised substance (*d*). These striæ run in a rather horizontal way when passing into the submucous connective tissue (*e, e*), which looks spotted and shows agglomerated fat-cells, and considered more minutely prove to be nerves and vessels with their sheaths of connective tissue. Magn. 25 diam.

Fig. 118. Papillary proliferations on the gum of the upper-jaw. The proliferations extend on both sides of the frenulum labiale (*a*) corresponding to the arcades of the gum of the carious incisors and canines, project as smooth, rounded grouped cones and extend into the spaces between the individual teeth. A fistular opening (*b*) is situated over the canine almost entirely destroyed on its crown by caries and leading to a larger abscess in the bone. After having removed the gum, the periosteum appears thickened like the white, fibrous tissue of tendon especially towards the alveolar margin, is hardly to be separated from the bone, and shows the character of a dense, white, fibrous tissue. Besides a calcification is not to

die Textur eines sehnenartig verdichteten Bindegewebes hat. Im Knochengewebe, insbesonderere gegen den Alveolartheil hin, ist eine Verkalkung nachzuweisen, welche als Ablagerung von amorphen Kalksalzen auch in die Gefässcanäle sich hinein erstreckt. Aehnliche Wucherungen sind auch am Zahnfleische der Schneide- und Eckzähne des Unterkiefers mit Hyperämie des Knochengewebes nachzuweisen. Vg. $1\frac{1}{2}$.

Fig. 119. Schnitt durch die papillösen Wucherungen des Zahnfleisches von dem vorhergehenden Falle. Jedes der vorerwähnten Zäpfchen besteht aus einer Gruppe von hypertrophischen, mit einem gemeinschaftlichen, oberflächlich glatten Epithel überzogenen Papillen, welche erst nach Wegnahme desselben deutlich sichtbar werden. Die durch grössere Zwischenräume getrennten Gruppen von fingerförmigen Papillen (*a, a, a*) entsprechen den Durchschnitten der Zäpfchen, deren je eines eine grössere Anzahl von Papillen (10—15) in sich fasst. Der Körper der Papillen ist getrübt, schmutzigbraun oder gelb gefärbt, von zahlreichen Fettkügelchen durchsetzt. In dem *corium* der Schleimhaut (*b, b*) beobachtet man zahlreiche, horizontal verlaufende Streifenzüge, welche Fortsätze in die Papillen hinaufsenden. In diesen, die Nerven und Gefässe einschliessenden Zügen sind zahlreiche, nahe aneinander gedrängte Kerne eingebettet und bilden in tieferen Schichten der Lederhaut ein Maschenwerk (*c, c*), in dessen helleren Räumen netzartig verbundene Bindegewebszellen nach Behandlung mit Essigsäure zum Vorschein kommen. In den tiefsten Lagen der Schleimhaut trifft man streckenweise beträchtlichere Wucherungen von Kernen und Fettzellengruppen (submucöses Bindegewebe). Vg. 80.

Fig. 120. Partie aus der Basis eines Zahnfleischpapilloms mittelst Essigsäure aufgehellt. Die sich ramificirenden Streifenzüge (*a*) lassen in einer faserigen Grundlage zahlreiche eingebettete ovale Körper gewahr werden. In den Räumen (*b*), welche diese Züge einschliessen, liegen zerstreute Bindegewebszellen, deren vielfache, sich verzweigende Fortsätze netzartig verbunden sind und sich an die Bündel (*a*) anlehnen. Vg. 350.

Fig. 121. Kalkablagerungen in einer sclerosirten Wurzelhaut. Es fallen vorerst Gruppen von runden, ovalen oder biscuitförmigen, das Licht polarisirenden Körpern verschiedenen Durchmessers auf, welche um ein kernähnliches Gebilde concentrisch geschichtete Lagen besitzen. Sie sind eingebettet in einer bindegewebigen Hülse und in verdünnter Salzsäure unter Aufsteigen von Gasblasen (Kohlensäure) mit Zurücklassung einer organischen Grundlage lösbar. Die zähe, derbe Wurzelhaut ist getrübt von zahlreichen in den bindegewebigen Fibrillen eingelagerten, fettig glänzenden Körnern und winzigen Molekülen. Hie und da erscheinen Gruppen von rundlichen Bindegewebszellen (*a*). Die kleineren Blutgefässe sind noch zuweilen an ihrer Lichtung erkennbar (*b*) und werden von einem Bindegewebsbündel eingeschlossen, dessen wellig gelockte Fasern dem Zuge des Gefässes folgen. In den atrophisirenden Nervenröhrenbündeln (*c*) macht sich ein fettkörniger Zerfall des Inhaltes bemerkbar. Vg. 350.

be overlooked in the bone, principally on the alveolar portion, extending as an amorphous deposit of lime-salts likewise into the canals for vessels. Similar proliferations are equally to be seen on the gum of the incisors and canines of the under-jaw combined with hyperaemia of the osseous tissue Magn. $1\frac{1}{2}$ diam.

Fig. 119. Section through the papillary proliferations of the gum from the preceding case. Each of the cones mentioned consists of a group of hypertrophied papillae covered with a common, superficially smooth epithelium, becoming more evident in their contour after having taken away the epithelium. The groups of finger-like papillae (*a. a, a*) separated by larger interstices correspond to the sections of the cones, every one of which includes a number of papillae (10—15). The body of the papillae is turbid, of a brownish or yellowish colour permeated with many fat-molecules. Many horizontally running bundles sending branches into the papillae are to be observed in the corium of the mucous membrane (*b, b*). Numerous nuclei, crowded together, are inlaid in these bundles including nerves and vessels and forming a network (*c, c*) in the deeper parts of the corium; the more transparent spaces between these meshes show united stellated cells of connective tissue after treatment with acetic acid. The deepest layers of the mucous membrane are full of partly considerable quantities of proliferated nuclei and groups of fat-cells (submucous layer of connective tissue). Magn. 80 diam.

Fig. 120. A part of the base of a papilloma of the gum cleared up with acetic acid. The ramifying bundles (*a*) show a good many oval cells imbedded in a fibrous substance. The spaces (*b*) enclosed by these bundles contain scattered stellate cells, the continuations of which are joined to a network. Magn. 350 diam.

Fig. 121. Deposits of lime in a thickened dense periosteum of the root. Groups of round, oval or dumb-bell-shaped corpuscles polarising the light and of different diameter, showing concentric layers around a nucleus-like body at first strike the observer. They are imbedded in connective tissue and soluble in diluted hydrochloric acid with evolution of bubbles of gas (carbonic acid) and remains of organic substance. The tough, compact periosteum of the root is rendered turbid by numerous granules with a fatty lustre mixed with the fibres of connective tissue and by minute molecules. Agglomerated round cells of connective tissue (*a*) are here and there to be seen. The smaller blood-vessels are sometimes still to be recognized by their hollowness (*b*), and are enclosed by wavy bundles of fibres following the vessels. The atrophied bundles of nervous tubes (*c*) show a decay of their contents in fatty granules. Magn. 350 diam.

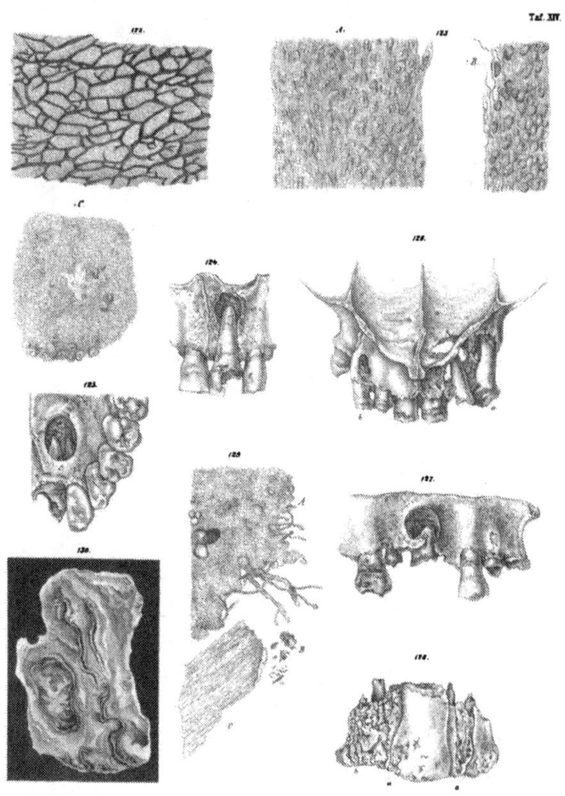

Tafel XIV.

Fig. 122. Stark vascularisirte, verdickte Wurzelhaut. Die mit Blut erfüllten, stark ausgedehnten venösen Gefässe bilden ein grossmaschiges Netzwerk, in welches schwächere Stämmchen von dem nicht injicirten Capillargefässsystem einmünden. Vg 20.

Fig. 123. Partien aus einer entzündeten Wurzelhaut. *A)* aus den inneren, dem Cement näher gerückten Lagen; der Lockerung und Trübung der Wurzelhaut entspricht eine Fülle von Zellen, welche bei einer gestreckten Form einen oblongen, bei einer abgeplatteten, scheibenförmigen Gestalt einen ovalen Kern nicht selten in doppelter oder dreifacher Zahl einschliessen. Der Zelleninhalt ist ebenso wie die Intercellularsubstanz molekulär getrübt. Die scheibenförmigen Zellen stehen auch häufig in Gruppen, umschlossen von oblongen Zellen, beisammen. *B)* aus einer der äusseren Oberfläche näher gerückten Schichte der geschwellten Wurzelhaut. Die Zellen von vorwiegend ovaler Gestalt und fettkörniger Trübung ihres Inhaltes liegen in grosser Menge in dem bindegewebigen Stroma angehäuft. *C)* aus der äussersten Schichte, wo die Wurzelhaut zu einem abstreifbaren Brei zerfallen ist, der hie und da noch Zellenreste erkennen lässt, grösstentheils jedoch aus einem molekulären *detritus* besteht. Vg. 350.

Fig. 124. Abscesshöhle an der Wurzelspitze des linken mittleren Schneidezahnes mit dem betreffenden Abschnitte des Zahnzellenfortsatzes vom Oberkiefer. Die Krone des linken mittleren Schneidezahnes ist durch *caries* bis auf ein Drittheil zerstört und der Wurzelcanal eröffnet. Die äussere oder Gesichtswand der Zahnzelle fehlt gänzlich, so dass die Wurzel ihrer ganzen Länge nach bloss liegt, und die Spitze derselben in die Mitte eines halbkugelförmigen, 7 Millim. im Querdurchmesser haltenden Hohlraumes hineinragt. Man bemerkt an der knöchernen Wand des letzteren viele kleine erweiterte Markräume in Folge des Eiterungsprocesses, der offenbar von der Wurzelhaut seinen Ausgang genommen hat. N. G.

Fig. 125. Abscesshöhle am Gaumenfortsatze des rechten Oberkiefers. Die am harten Gaumen sichtbare, ovale, glattrandige Oeffnung hat 9 Millim. im Längen- und 8 Millim. im Querdurchmesser; die der Mitte entsprechende tiefste Stelle misst 7 Millim. Der Grund der Abscesshöhle ist rauh mit, den Markräumen entsprechenden Vertiefungen; die compakte Rindensubstanz des Knochens schlägt sich an den Rändern der Höhle nach einwärts und bildet einen diese nach innen umgebenden Saum. In die Tiefe der Höhle ragen die Wurzelspitzen der beiden Schneidezähne, von denen die Krone des mittleren durch eine tief in die Wurzel eindringende *caries* bis auf ein Schmelzfragment zerstört ist. Die betreffende Wurzelspitze ist missfärbig, in ihrem ganzen Umfange bloss gelegt, mit incrustirtem Eiter besetzt. Der seitliche Schneidezahn, so wie alle übrigen Zähne des Gebisses sind kräftig entwickelt und vollkommen gesund. N. G.

Fig. 126. Ausgedehnte Abscesshöhle, welche einerseits den Boden der Nasenhöhle, anderseits den betreffenden Theil des Alveolar- und Gaumenfortsatzes des linken Oberkiefers usurirt hatte, so dass die entsprechenden Cavitäten miteinander communicirten. Den Ausgangspunkt des Abscesses bildete die entzündete Wurzelhaut des linken seitlichen Schneidezahnes. Der längere Durchmesser der ovalen Oeffnung am Boden der Nasenhöhle beträgt 9 Millim., derjenige am harten Gaumen 12 Millim. Mitten in die Abscesshöhle ragt die eiterig incrustirte Wurzelspitze des seitlichen Schneidezahnes, dessen Krone gänzlich von *caries* zerstört ist. Die Alveolarfortsätze

Plate XIV.

Fig. 122. Thickened and highly vascular periosteum of the root. The vessels belonging to the venous system are filled with blood, much extended, and forming a network into which smaller branches of the uninjected capillary system open. Magn. 20 diam.

Fig. 123. Parts of an inflamed periosteum of the root. *A)* taken from the internal layers, nearer to the cementum; the looseness and loss of transparence of the periosteum is produced by an abundance of cells, which, when of an elongated shape, include an oblong nucleus; when they are of a flattened orbicular form the nucleus is oval, not rarely doubled or tripled. The contents of the cells as well as the intercellular substance are rendered turbid by molecules. The orbicular cells are often grouped and surrounded by oblong cells. *B)* Taken from the external side nearer to the surface of the swollen periosteum. The cells of a predominant oval shape, and whose contents are rendered turbid by fatty molecules, are to be found in large number in the stroma of connective tissue. *C)* Taken from the outside-layer, where the periosteum is decayed to a removable pultaceous mass showing still here and there rests of cells, mostly, however, consisting of molecular detritus. Magn. 350 diam.

Fig. 124. Excavation produced by an abscess at the end of the root of the left central incisor with the respective segment of the processus alveolaris from the upper-jaw. The crown of that incisor is destroyed by caries all but a third part, and the canal of the root is opened. The external or facial wall of the alveolus is totally wanting, so that the whole length of the root is denuded and its end projects into the centre of a hemispherical cavity measuring 7 Millim. in the transverse diameter. In consequence of the suppuration many small erosions are to be observed on the bony wall of the cavity The process of suppuration has evidently taken its origin in the periosteum of the root. Nat. size.

Fig. 125. Excavation by an abscess on the processus palatinus of the right upper jaw. The oval smooth-edged opening, visible on the hard palate, has a longitudinal diameter of 9 Millim. and a transverse one of 8 Millim.; the deepest part in the centre is at a distance of 7 Millim. from the surface. The wall of that excavation is rough with many small deepenings; the compact cortical substance of the bone forms the edge of the excavation. The ends of the roots of both incisors project into the excavation; the crown of the central one being destroyed by caries penetrating deeply into the root and leaving only a fragment of enamel. The corresponding end of the root is discoloured, its whole circumference denuded and covered with incrusted pus. The lateral incisor as well as all the other teeth of the jaw are strongly developed and perfectly sound. Nat. size.

Fig. 126. Large excavation by an abscess having eroded the bottom of the nasal cavity on one side, on the other the respective part of the alveolar and palatal process of the left upper-jaw in such a way that the corresponding cavities communicate with each other. The inflamed periosteum of the left lateral incisor was the point of origin for the abscess. The longer diameter of the oval opening at the bottom of the nasal cavity measures 9 Millim., that on the palate 12 Millim. The end the root belonging to the lateral incisor incrusted with pus projects into the excavation of the abscess; the crown of that incisor being quite destroyed by caries. The alveolar

dieses Schneidezahnes und insbesondere des linken Augenzahnes (a) sind durch die Usur in Mitleidenschaft gezogen worden; ebenso der *canalis incisivus* linkerseits und die knöcherne Decke der Wurzelspitze des linken Augenzahnes am Boden der Nasenhöhle. Am rechten Oberkiefer bemerkt man gleichfalls die Oeffnung einer Abscesshöhle zwischen dem seitlichen Schneide- und Augenzahne (b), wodurch die Wurzeln der beiden Zähne an ihren correspondirenden Seiten blossgelegt erscheinen, auch liegt die äussere Seite der Wurzelspitze des Augenzahnes (b) zu Tage. Sechs Zähne fehlen; die übrigen noch vorhandenen sind an ihren Kronen stark abgenützt und von *caries* mehr oder weniger zerstört. N. G.

processes of the same incisor and especially of the left canine (a) are considerably eroded, equally so the canalis incisivus on the left side and the bony cover of the end of the root belonging to the left canine at the bottom of the nasal cavity. An opening of an excavation by an abscess is likewise to be observed on the right upper-jaw between the lateral incisor and canine (b), whereby the roots of both teeth look bare on their corresponding sides; the external side of the end of the root belonging to the canine (b) is also quite denuded. Six teeth are gone; the rest have crowns much worn out and more or less destroyed by caries. Nat. size.

Fig. 127. Abscesshöhle am *alveolus* des rechten hinteren Backenzahnes. Die schüsselförmige Höhle hat eine runde Begrenzung und einen aufgeworfenen, zugeschärften Rand; an ihrem rauhen Boden ragt die in ihrer Cementlage beträchtlich hypertrophirte Wurzelspitze hervor, deren Wurzelcanal, durch die Eiterung usurirt, eine trichterförmige Eingangsöffnung zeigt. Die Zähne sind bis auf den rechten Augen- und zweiten Mahlzahn hochgradig von *caries* zerstört. N. G.

Fig. 127. Excavation by an abscess on the alveolus of the right posterior bicuspid of the upper-jaw. The bowl-like excavation has a round outline and a projecting sharpened border; the end of the root, the canal of which shows an infundibuliform entrance produced by suppuration, and the cementum of which is considerably hypertrophied, stands in that excavation. The teeth are highly destroyed by caries, except the right canine and second molar. Nat. size.

Fig. 128. (Fall übermittelt von Herrn Prof. Strassky in Lemberg.) Aussenseite eines Zahnsteines von bedeutendem Umfange vom rechten Oberkiefer, 4 Zähne einschliessend und zwar die beiden Backenzähne, den 1. und 2. Mahlzahn. Sein Längendurchmesser beträgt 4,3 Centim., die Höhe bis 2,4 Centim., die Dicke mit Einschluss der Zähne 2,6 Centim. Wurzelspitzen der beiden Backenzähne und des 2. Mahlzahnes ragen an der Oberseite des Zahnsteines hervor. Die scharfkantigen Furchen (a, a) entsprechen den Zahnsteinmassen der einzelnen Zähne und haben sich diese Massen während des Kaugeschäftes gegenseitig glatt abgerieben. Der grösste Theil des Zahnsteines lagert der Aussenseite der 4 Zähne an und erreicht und überragt selbst das Niveau der Wurzelspitzen, die mehr oder weniger von Zahnsteindrusen umgeben hervorragen. Die äussere Oberfläche der Masse ist convex, entsprechend den 3 vorderen Zähnen durch die Reibung der Backenschleimhaut vollkommen geglättet, nach rückwärts entsprechend dem 2. Mahlzahne (b) zerklüftet. Die innere Oberfläche des Zahnsteines ist durch die Einwirkung der Zungenoberfläche gleichfalls glatt, die untere Fläche durchzieht eine breite, seichte Längsfurche. Die Kronen der Backenzähne sind bis auf kleine Partien der Kauflächen, diejenigen der beiden Mahlzähne vollkommen von Zahnsteinlagen verdeckt. N. G.

Fig. 128. (We are indebted to Prof. Strassky at Lemberg for this specimen.) Facial side of a tartar of considerable circumference from a right upper-jaw including four teeth namely both bicuspids, the first and second molar. Its longitudinal diameter amounts to 4,3 Centim., the elevation to 2,4 Centim., the thickness including the teeth to 2,6 Centim. Ends of the roots of both bicuspids and of the second molar are prominent on the upper-side of the tartar. The sharp-edged furrows (a, a) answer to the masses of tartar of the individual teeth; these masses have been smoothly rubbed off on the corresponding surfaces by mastication. The greater portion of the tartar is attached to the outside of the four teeth, and reaches or even projects above the level of the ends of the roots, which, surrounded more or less by grains of tartar, protuberate. The facial surface of the mass is convex, highly polished by friction on the mucous membrane of the cheek, on its part corresponding to the three first-named teeth, whilst the posterior part answering to the second molar (b) is furrowed. The lingual surface of the tartar is likewise smooth by the influence of the tongue; the under-surface is permeated by a broad shallow longitudinal furrow. The crowns of the bicuspids are covered with tartar, except small parts of their masticatory surfaces; those of the two molars are perfectly invisible. Nat. size.

Fig. 129. Weisser poröser Zahnstein. A) Mit verdünnter Salzsäure behandelt. Am Rande sind durch die Einwirkung der Säure Gährungspilze blossgelegt, welche zuweilen an manchen Stellen sich vorfinden; es sind eben Thallusfäden von verschiedener Dicke mit Abzweigungen. Die Hauptmasse bildet eine gleichförmige moleculäre Masse als organische Grundlage des Concrementes, welche einem gewöhnlichen organischen *detritus* ähnlich sieht. Pflanzliche Ueberreste findet man hie und da eingebettet. B) Isolirte Körner, zuweilen aneinander gereihet, welche der Salzsäure Widerstand leisten, vielleicht zu Leptothrix buccalis gehörig. C) Segment des Zahnsteines, um die Schichtungen mit den eingestreuten Körnern zu zeigen. Vgl. 600.

Fig. 129. White porous tartar. A) treated with diluted muriatic acid. Fungi of fermentation have been isolated on the edge by the influence of the acid to be found scattered in some places; they are mycelium-fibres of different thickness with ramifications. The principal mass is formed of an uniform molecular mass, the organic substance of the concretion resembling a common organic detritus. Remains of plants are here and there imbedded. B) Isolated granules sometimes in rows, resisting the influence of muriatic acid perhaps belonging to Leptothrix buccalis. C) Segment of the tartar to show the strata with the imbedded granules. Magn. 600 diam.

Fig. 130. Durchschnittsfläche eines schmutzigbraunen Zahnsteines (bei reflekt. Lichte). Man sieht an der Schlifffläche die unregelmässig wellenförmigen Schichten ineinander greifen, welche durch schmutzigbraune und hellgelbe Färbung mit verschiedenen Nüancirungen hervortreten. Die Schichten sind von ungleicher Dicke, gehen meist verschwommen ineinander über und bilden zuweilen ein eigenes, abgeschlossenes System. Vg. 20.

Fig. 130. Polished surface of a section of a gray-brownish tartar (reflected light). Irregular wavy strata pushed one into the other are to be noticed on the polished surface exhibiting a brown or yellow tinge of several shades. The strata are of unequal size, mostly show indistinct transitions and sometimes a peculiar circumscribed system. Magn. 20 diam.

15

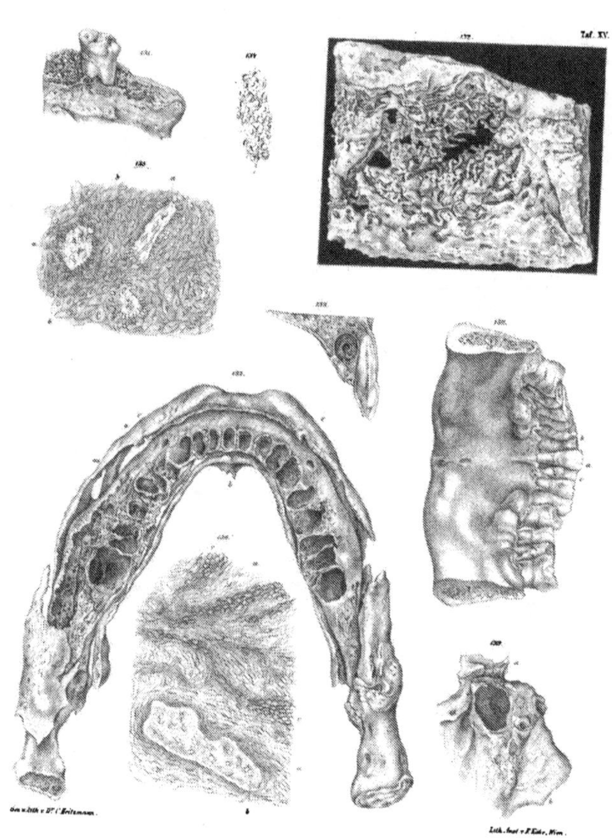
Taf. XV.

Gez. u. lith. v. Dr. C. Heitzmann.
Lith. Anst. v. F. Köke, Wien.

Tafel XV.

Fig. 131. Segment des Alveolartheiles vom linken Oberkiefer mit unvollkommen vernarbten Zahnzellen. Zu beiden Seiten des noch vorhandenen zweiten Mahlzahnes, dessen Wurzeln bis zu einem Drittheile ihrer Länge von der Zahnzelle entblösst sind, befindet sich eine schwammige, lockere Knochensubstanz mit grösseren oder kleineren Hohlräumen. Die beiden *limbi alveolares* haben sich nicht genähert, und die compakte Knochenlamelle, welche gewöhnlich die Einsattlung der vernarbten Zelle bildet, fehlt hier gänzlich. Der Zustand, in dem sich die Zahnzellen befinden, entspricht keinem der Stadien einer regelmässigen Vernarbung, daher auch eine solche in diesem Falle nicht zu erwarten gewesen wäre. N. G.

Fig. 132. Obere Ansicht einer in Vernarbung begriffenen macerirten Zahnzelle vom Unterkiefer. Man sieht Knochenbälkchen mit freien, spitzen oder kolbenförmigen Enden in den von der Zahnwurzel früher innegehabten Hohlraum hineinragen und mit anderen Bälkchen durch Seitenäste in Verbindung treten. Aehnliche solche Bälkchen ziehen vom *limbus alveolaris* beiderseits in die Tiefe und vereinigen sich mit jenen, welche der vormaligen Zahnzellenwand aufsitzen. Die hiedurch erwachsene schwammige Knochensubstanz erfüllt den Hohlraum der Zahnzelle noch unvollständig. Vg. 7.

Fig. 133. Knochencyste im Oberkiefer. Vertikalschnitt durch den rechten mittleren Schneidezahn und seinen Alveolarfortsatz. In der spongiösen Knochensubstanz unmittelbar hinter der Zahnzelle befindet sich eine ovale, 7 Millim. in ihrem längeren Durchmesser haltende Cyste mit scharfer Begrenzung. Die vordere Cystenwand tangirt die hintere Alveoluswand; ihr höchster Punkt liegt im gleichen Niveau mit der Wurzelspitze des mittleren an seiner Krone stark abgenützten Schneidezahnes; der hintere untere Abschnitt der Cystenwand steht in unmittelbarer Verbindung mit der Zahnfleischlage des Gaumentheiles der Zahnzelle, indem daselbst die Knochenschichte in einer Längenausdehnung von 5 Millim. fehlt. Die halbirte Cyste zeigt ihre auf der Knochenschale eingetrocknete bindegewebige Wand mit den erweiterten, von dem sich insinuirenden Bindegewebe der Cystenwand erfüllten, oberflächlich gelagerten Markräumen. In der Tiefe der Cystenhöhle bemerkt man eine halbkugelförmige, von einer kleinen ansitzenden Cyste herrührende Ausbuchtung. N. G.

Fig. 134. Plattes Epithel, welches die innere Oberfläche der vorhin beschriebenen Cyste auskleidet. Die Zellen dieses Epithels sind klein, abgeplattet, mit einem Kern und mehreren Fortsätzen versehen. Die unter der einfachen Epithellage befindliche Schichte ist ein junges durchscheinendes Bindegewebe mit verhältnissmässig weiten, dünnwandigen Blutgefässen, welches die Resorption der Knochensubstanz einleitete. Der coagulirte Cysteninhalt gleicht einer trüben Gallerte mit eingebetteten Fettkörnerkugeln. Vg. 350.

Fig. 135. Oberflächlicher Querschnitt aus einer Epulis. Die ovale Geschwulst von 1½ Centim. Längenausdehnung sitzt breit auf, bedeckt einen Theil der Krone eines Augenzahnes, ist resistent, an der Oberfläche glatt, mit einem mehrfach geschichteten Plattenepithel überkleidet. Die vielfachen Papillen an der Oberfläche sind von einer der Schleimschicht angehörigen Lage von Epithelzellen (*a, a*) umsäumt, welche bei starker Vergrösserung noch deutlicher als exquisite Stachelzellen sich erweisen. Die zwischen gelagerten zahlreicheren, gekernten Stachelzellen (*b, b*) gehören der Hornschichte an. Das Parenchym der quergetroffenen, durch Essigsäure aufgehellten, verschieden gestalteten Papillen ist von Bindegewebszellen durchsetzt, deren Fortsätze sich netzartig verbinden. Vg. 350.

Plate XV.

Fig. 131. Segment of the alveolar process with imperfectly cicatrised alveoli of the left upper-jaw. A spongy osseous substance with larger or smaller holes is to be found on both sides of the second molar still present, the roots of which have lost their alveoli a third part of their length. The two sides of the alveolus have not approached, and the compact osseous lamel, which commonly forms the incurvation of the cicatrised alveolus, is totally absent. The present condition of the alveoli does not answer to any of the stages of a regular cicatrisation, for which reason none could have been expected in this case. Nat. size.

Fig. 132. View from above of a macerated alveolus, the under-jaw being in of a state of cicatrisation. Osseous trabecula with free, pointed or bulbous ends are to be seen projecting into the hole formerly filled up by the root of the tooth and uniting with other trabecula by lateral branches. Similar trabecula descend from both sides of the limbus alveolaris into the alveolus and communicate with others, which are affixed to the wall of the former alveolus. The osseous spongy substance grown in this way, as yet incompletely fills up the cavity of the alveolus. Magn. 7 diam.

Fig. 133. Cyst in the bone of the upper-jaw. Vertical section through the right central incisor and its alveolar process. An oval cyst measuring 7 Millim. in its longer diameter with sharp outline is situated in the spongy bone-substance immediately behind the alveolus of the tooth. The anterior wall of the cyst touches the posterior wall of the alveolus; its highest point and the top of the root of the central incisor, much worn out on its crown, are situated in the same elevation. The posterior lower segment of the wall of the cyst is in immediate contact with the gum belonging to the palatal part of the alveolus, as the osseous layer there is missing in a length of 5 Millim. The halved cyst shows its wall of connective tissue in a dried state covering the inside of the bony shell with the absorbed holes of the marrow, which are filled up by the intruding connective tissue of the cyst. A hemiglobular smaller cyst is implanted in the excavation of the larger cyst. Nat. size.

Fig. 134. Epithelium covering the internal surface of the cyst just described. The cells of that epithelium are small, flat, supplied with a nucleus and several processes. The stratum underneath the single layer of epithelium is a young transparent connective tissue with proportionally wide, thin-walled blood-vessels, introducing the absorption of the bony substance. The coagulated contents of the cyst resemble a turbid gelatine with suspended corpuscles of fatty granules. Magn. 350 diam.

Fig. 135. Transverse section taken superficially from an epulis. The oval tumour extending to 1½ Centim., has a broad base, covers one part of the crown of a canine, is resistent, smooth on the surface and covered with a flat epithelium in many layers. The multiple papillae on the surface are surrounded by layers of epithelial cells, which belong to the mucous stratum, and when examined with a high power prove more evidently to be exquisite aculeated cells. The interposed numerous cells provided likewise with a nucleus (*b, b*) and aculei are of the horny layer. The parenchyma of the transversely cut papillae, varying in shape, to be cleared up in acetic acid, is supplied with cells of connective tissue, the processes of which join to a network. Magn. 350 diam.

Fig. 136. Partie aus dem Parenchym derselben Epulis. Dasselbe wird gebildet einerseits von einem straffen Bindegewebe, welches nach Behandlung mit Essigsäure regelmässig angeordnete Spindelzellen gewahr werden lässt (a, a); die Bindegewebsbündel umgreifen Knochenbälkchen (b), welche insbesondere gegen die Basis der Geschwulst zahlreicher und von grösserer Ausdehnung sind. Ueberdiess gewahrt man noch in das straffe Bindegewebe eingeschobene Züge von nahe aneinander gerückten, granulirten ovoiden Zellen (c, c). Vg. 350

Fig. 137. Phosphornekrose des Unterkiefers einer zweiundzwanzigjährigen Zündhölzchenfabriksarbeiterin H., die an Tuberculose starb (Fall des H. Prim. Dr. LORINSER). Der in der Ansicht von oben dargestellte Unterkiefer ist durch Verjauchung nekrotisch geworden; insbesondere sind die Alveolen der linken Mahlzähne in hochgradiger Zerstorung. An der vorderen und hinteren Fläche des abgestorbenen Unterkiefers sind feinschwammige Osteophyten streckenweise abgelagert, welche sich auch um die beiden *foramina maxill. post.* gebildet hatten. Eine neue, in kurzem Abstande vom nekrotischen Kiefer liegende Knochentafel umschliesst denselben kapselartig in der Weise, dass der verjauchte Alveolartheil nach oben frei liegt, während der übrige Theil des Unterkiefers bis auf einige linkerseits befindliche Fenster (a, a von den neugebildeten Knochentafeln rinnenartig bedeckt erscheint. Durch die benannten Fenster sind die schwammigen Osteophyten sichtbar; es fehlt überhaupt die neugebildete Knochentafel dort, wo letztere sich zeigen. Rechterseits sind der Gelenks- und Kronenfortsatz von der neugebildeten Knochentafel nahezu eingeschlossen, während linkerseits der Kronenfortsatz einen kappenartigen Ueberzug besitzt, der Gelenksfortsatz hingegen hievon frei geblieben ist. Neugebildet sind ferner: der *sulcus mylohyoideus*, ebenso die *spina mentalis int.* mit zwei kurzen pyramidalen Spitzen (b); die gleich unterhalb befindlichen zwei Höckerchen für die *musculi geniohyoidei*, dann die beiden Rinnen für die *mm. bigastrici*; nach vorne zu erscheinen die in ihrem unteren Abschnitte halbkreisförmig gebildeten *foramina maxill. anter.* (c, c. N. G.

Fig. 138. Knollige Exostosen an der inneren Fläche eines Unterkieferbogens mit derber Knochentextur und kräftig gebauten Zähnen Diese Exostosen stehen mit *Syphilis* in keinem Zusammenhange und erweisen sich bei näherer Untersuchung als Auswüchse der compakten Rindensubstanz des Knochens; der *alveolus* betheiligt sich nicht an der Wucherung. Ihre Oberfläche ist glatt, zuweilen von seichten Einsattlungen und Furchen durchzogen. Sie sitzen mit breiter Basis auf und zwar im vorliegenden Falle lingualwärts von den Backen- und dem ersten Mahlzahn linkerseits, desgleichen rechterseits an der Lingualwand entsprechend dem ersten Backenzahn (der zweite fehlt) und ersten Mahlzahn. Der vorderste Abschnitt des Kieferbogens ist frei von Exostosen; an dessen hinteren Abschnitte gegen die zweiten Mahl- und Weisheitszähne zieht sich bloss eine erhabene Knochenleiste hin. Ueberdiess ist an diesem Kiefer noch eine Verschiebung der linken Schneidezähne und des Eckzahnes zu beobachten; der linke seitliche Schneidezahn (a, steht hinter dem, um etwa 45° gedrehten vorgeschobenen mittleren Schneidezahn und deckt mit seiner Krone nach hinten zu theilweise den geneigten linken Eckzahn (b) und den rechten mittleren Schneidezahn (c). N. G.

Fig. 139. Abscesshöhle in der *tuberositas maxillaris* eines senilen Oberkiefers: a) *processus pyramidalis* des Gaumenbeins; b) abgesägter *processus zygomaticus* des Oberkiefers. Ein dicker Polster von Zahnfleisch mit derbem sclerosirtem Bindegewebe überdeckte beiderseits die *tuberos. max.* Während auf der rechten Seite die *tuber.* aus einem ziemlich dichten Knochengewebe besteht, ist linkerseits ebendaselbst eine Abscesshöhle mit weiter Eingangsöffnung und aufgeblähter Knochenwand sichtbar. Der Inhalt bestand aus einer breiigen, schmierigen, missfärbigen Masse mit nekrotischen Eiterkörperchen (obsoleter Eiterherd). N. G.

Fig. 136. A part out of the parenchyma of the same epulis. It is composed on one side by a fibrous tissue showing regularly arranged spindle-shaped cells (a, a) after treatment with acetic acid. The bundles of fibres cover osseous trabecula (b) being found principally towards the base of the tumour in greater number and extension. Granulated ovoid cells (c, c) are to be seen besides in groups implanted in the dense connective tissue. Magn. 350 diam.

Fig. 137. Necrosis of the under-jaw produced by phosphorus from a working-woman 22 years of age, who died of consumption in the service of a match-maker (we are indebted to Dr. LORINSER for the use of this specimen). The under-jaw is copied in the view from above and has become necrotic by ulceration, the alveoli especially of the left molars are greatly destroyed. Delicate spongy osteophyts are here and there deposited on the anterior and posterior surface of the necrotic under-jaw, having been formed likewise around both foramina maxill. post. A new lamel of bone situated at a short distance from the necrotic jaw incloses the latter like a capsule in such a way, that the decayed alveolar part in its upside is quite free, whilst the remaining part of the under-jaw is covered by the new formed lamels of bone surrounding it not unlike a channel except a few holes (a, a on the left side. The spongy osteophyts are visible through these holes; the new formed lamel of bone is generally missing where osteophyts are to be found. On the right side the processus artic. and coron. are almost enclosed by the newformed lamel of bone, whilst on the left side the processus coron. shows a caplike case, the process. artic. on the contrary has here no such cover. As newformed arc to be remarked besides: the sulcus mylohyoideus, equally the spina ment. int. with two short pyramidal thorns (b); the underneath lying two tubercles for the genio hyoidei, then the channels for the mm. bigastrici; on the anterior side the foramina maxill. anter. (c, c) are formed in their inferior hemicircular segment. Natur. size.

Fig. 138. Tuberous exostoses on the internal surface of an under-jaw with stout texture of bone and vigorously formed teeth These exostoses have no connection whatever with syphilis, and on nearer examination prove to be excrescences of the compact cortical substance of the bone; the alveolus has no share in the proliferation. Their surface is smooth, sometimes permeated by shallow deepenings and furrows. They are fixed on a broad base, and, in the present case, on the left side on the lingual wall corresponding to the bicuspids and the first molar, equally on the right side on the lingual side of the maxilla corresponding to the first bicuspid (the second is wanting; and the first molar. The anterior segment of the arch of the jaw is quite free from exostoses; the posterior segments corresponding to the second molars and wisdom-teeth of both sides show only a prominent protracted ledge. Besides that a dislocation of the left incisors and the left canine is to be observed in this jaw; the left lateral incisor (a) is situated behind the protruding central incisor rotated about 45°, and partly covers with its crown on the lingual side the inclined left canine (b) and the right central incisor (c). Nat. size.

Fig. 139. Excavation produced by an abscess in the tuberositas maxillaris of a senile upper-jaw; a) processus pyramidalis of the palate-bone; b) processus zygomaticus of the upper-jaw sawn through. A thick bolster of gum with dense fibrous tissue covered the tuberos. max. on both sides. The tuber. on the right side consists of rather dense osseous tissue, on the left side an excavation has been produced by an abscess in the corresponding place with large entrance and an inflated bone-wall. The contents were composed of a pultaceous, greasy, discoloured mass with necrotic corpuscles of pus (agglomeration of obsolete pus). Nat. size.

16

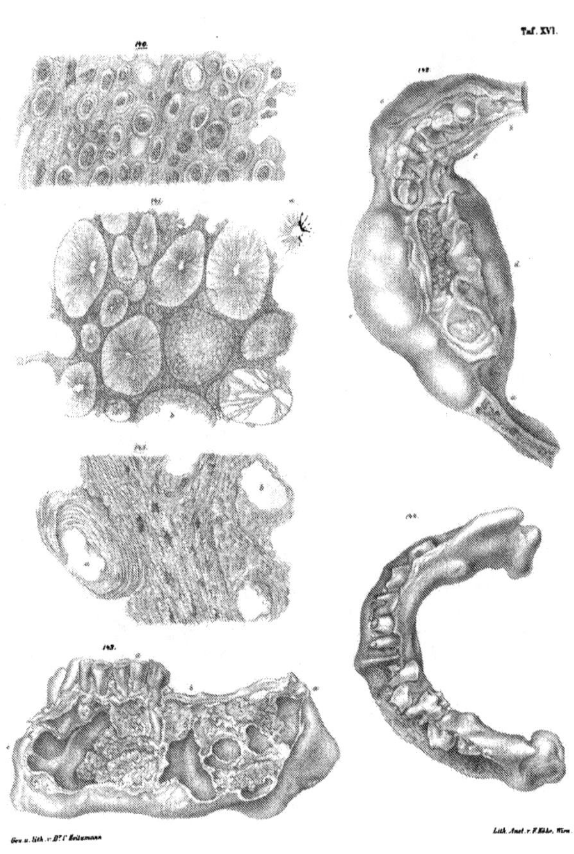

Gez. u. lith. v. D.r C Heitzmann
Lith. Anst. v. F.Köke. Wien

Fig. 140. Aus einem weichen Enchoudrom des Unter-
rs (Fall von der Klinik des H. Hofrath Prof. Dr. Ritter
Pitha). Die Knorpelzellen sind streckenweise von ansehn-
m Volumen, liegen theils einzeln, theils zu zweien in einer
entrisch geschichteten Kapsel und zeigen in ihrem Innern
n fettkörnigen Zerfall. Die Intercellularsubstanz ist ge-
t, mehr oder weniger streifig, hie und da von Fettkörner-
egaten durchsetzt. An anderen Orten sind die Elementar-
ne näher aneinander gerückt und die Zwischensubstanz in
Masse zurückgedrängt; die neugebildete Knorpelmasse
em grösseren Reichthume an Zellen entsprechend weicher
zerfällt mit dem Flüssigwerden der Intercellularsubstanz.
ausgezogenen dislocirten Zähne sind von der Krankheit
t ergriffen worden. Vg. 350.

Fig. 140. From a soft enchondroma of the under-jaw.
(A case we owe to Prof. Pitha). The cartilage-cells are of
considerable volume in some places, lie partly solitary, partly
by couples in a capsule with concentric layers and show a
decay in fatty granules in their interior. The intercellular substance is turbid, more or less striated, here and there covered
with aggregations of fatty granules. The elementary organs
are approximated more closely in other places, and the intercellular substance is removed in the same proportion. The newformed cartilage is softer, when richer in cells, and decays,
when the intercellular substance is rather fluid. The dislocated
removed teeth have not been attacked by the disease. Magn.
350 diam

Fig. 141. Aus einem bösartigen Cystomyxoma eines
irten Unterkiefers (Fall vom H. Prim. Dr. Lewinsky).
histologischen Merkmale des Aftergebildes sind von be-
erem Interesse, da es aus einem im Knochengewebe ein-
genen Aggregate von bald grösseren, bald kleineren,
t rundlichen, seltener oblongen Hohlräumen besteht,
he mit anscheinend structurlosen, weichen, gallertigen,
anen, ausschälbaren Substanzen erfüllt, dem Ganzen das
hen eines mit hellen Blasen durchsetzten Gewebes ver-
n und an das Schilddrüsenparenchym erinnern. Diese
tanzen besitzen häufig ein von einer durchsichtigen
ralmasse ausgehendes. strahlenförmig gegen die Peripherie
iehendes, sich verästelndes, sehr zartes Fadengerüst, das
scheinlicher Weise einem präcipitirten Eiweisskorper ent-
cht. Hie und da liegt ein solches strahlenförmiges Faden-
st a frei zu Tage. Andere Bläschengruppen sind mit
r Art epithelialen Ueberzuges bekleidet b), der aus ovalen,
en, gleichförmig gestalteten Kernen mit einer meist fettig
llenden Anlagerungsschichte zusammengesetzt ist. Diese
amassen erfüllen allenthalben die Zwischenräume der
chen, und letztere nehmen nicht selten eine gestreckte,
nigfach ausgebuchtete Gestalt an. An solchen Orten, wo
Gewebe lockerer ist und eine auffällige Trübung des hin-
gebenen Wassertropfens hervorbringt, liegt eine Menge
ner Elementarorgane frei. Zahlreiche Fettkörnerhaufen
insbesondere dort angesammelt, wo dichtere, weiter aus-
eitete Kernmassen abgelagert und die Bläschen zurück-
ängt sind. Das darstellbare Grundgerüst, welches die
chen umspinnt, ist sehr zart, netzförmig und locker. Die
t zahlreichen Blutgefässe sind sehr dünnhäutig. Vg. 350.

Fig. 141. From a malignant cystomyxoma removed by
resection of the under-jaw. (We are indebted to Dr. Lewinsky
for this case.) The histological characteristics of this new formation are of a peculiar interest, as it consists of an aggregation
of larger or smaller, mostly roundish, more rarely oblong
holes, put in the bone, filled up with apparently structureless,
soft, gelatinous, diaphanous substances, and giving to the
whole the appearance of a tissue permeated with clear cysts
not unlike to the thyroid gland. These substances frequently
show a very tender system of straightened fibres, beginning
from a transparent central mass, radiating and ramifying towards
the periphery of the cyst, and very probably corresponding to a precipitated protein-substance. Such a stellate
system of fibres (a is to be observed isolated here and there.
Other groups of cysts are covered with small oval nuclei of
equal shape, surrounded with a layer containing fatty molecules b). These agglomerations of nuclei then fill up the spaces
between the cysts, which do not seldom take a straightened
form with manifold tuberosities. A good many elementary
organs have been dropped out in such places where the tissue
is looser, and are suspended in the surrounding fluid. Many
agglomerated fat-granules are especially to be seen where denser
masses of nuclei are deposited in a larger extension, and the
cysts removed. A very tender and loose network of fibres is
cast over the cysts. The blood-vessels are not numerous and of
a very delicate complexion. Magn. 350 diam.

Fig. 142. Cystosarkom des Unterkiefers. (Fall von der
ik des H. Hofrath Ritter von Pitha). Das resecirte
k erstreckt sich von der Mitte des aufsteigenden Astes a
Unterkiefers linkerseits bis in die Gegend zwischen dem
nd 2. Mahlzahne (b) rechterseits. Die vorliegende Ansicht
oben bietet folgendes Bild dar: die äussere (Gesichts-)
d (c) linkerseits ist in der Ausdehnung vom Winkel des
rkiefers bis zum Eckzahne derselben Seite erheblich durch
elastische, stark gewölbte Geschwulst mit periostalem
erzuge nach aussen gedrängt. Der entsprechende Abschnitt
inneren (Mund- Wand (d) derselben Kieferseite ist in
icher Weise hervorgetrieben. Zwischen den beschriebenen
bungen liegt jene Partie der Schleimhaut, welche durch
Operation mit entfernt wurde. Gegen den Winkel des
rkiefers zu sieht man in dem gewulsteten Zahnfleische
Abdruck der Kaufläche des gegenüberstehenden Mahl-
es. An der vor dem Eckzahne gegen den eben beschrie-
n Abdruck sich erstreckenden Partie fehlt das Zahnfleisch,
es ragen daselbst eine Menge weicher, röthlicher, glän-

Fig. 142. Cystosarcoma of the under-jaw. A case out of
the wards of Prof. Pitha. The excised part extends from the
middle of the ramus ascendens (a) of the under-jaw of the left
side to the region between the first and second right molar b).
The view from above here represented exhibits the following
parts: by an elastic convex tumour with a cover of periosteum
the external (facial) wall (c of the left side is considerably pushed
outwards in the extension from the angle of the under-jaw as far
as the canine of the same side. The corresponding segment of
the internal (lingual) wall (d) of the same side projects in a
similar way. The swollen gum is situated between the external and internal protuberances and shows the cast of the masticatory surface of the opposite molar towards the angle of the
under-jaw. The gum is wanting towards the canine, and here
a good many soft, reddish, shining, lobated proliferations
project. The convexity of the external wall (e, from the canine
of that left segment of the jaw to the beginning of the right
one is equally pronounced, but in a lower degree; the lingual
wall (f) of the same region is but little protuberant and

zender, lappenartig geschiedener Wucherungen hervor. Vom Eckzahne des linken Kiefersegmentes bis zum Beginn des rechten ist die äussere Wand (e) ebenso, jedoch in minderem Grade gewölbt, die Mundwand (f) derselben Gegend ist wenig hervorgetrieben und flacht sich gegen das Ende des Kiefersegmentes ab. Die Kronen der kräftig gebauten Zähne sind stark abgerieben, etwas gegeneinander verschoben, theilweise mit Zahnstein belegt und gesund. N. G.

Fig. 143. Ansicht desselben Cystosarkomes nach Wegnahme der Gesichtswand des Kiefers. An der linken Seite treten einige, mit einer bindegewebigen, glatten Membran ausgekleidete Cysten zu Tage, von denen die grössere (a) am Winkel des Unterkiefers, die kleinere in der Gegend unterhalb der beiden Backenzähne (b) eingetragen ist. Zwischen den benannten Cysten befindet sich eine grauröthliche, schwammige, succulente, mehrfach gelappte, mit einigen bis erbsengrossen Cysten durchsetzte Masse, welche mit den grösseren und kleineren Knochencysten den ganzen Raum der linkseitigen Kieferauftreibung erfüllt. An der rechten Seite des resecirten Unterkiefers liegt eine beiläufig kastaniengrosse Cyste (c), die mit einer nach innen glatten, dem Knochen adhärirenden Membran überzogen ist und sich vom rechten Backenzahn bis zum linken mittleren Schneidezahn erstreckt. Die Wurzeln der in das Bereich dieser Cysten fallenden Zähne sind von der Cystenwand umkleidet und in Resorption begriffen. In den linken Abschnitt der Cyste (c) ragen zahlreiche, warzenähnliche Wucherungen, die bis zum linken Eckzahne reichen. Die Wurzeln der beiden linken Schneidezähne d' sind allenthalben von diesen Wucherungen umgeben. Von den Zahnfächern ist nur die Mundwand der Vorderzähne erhalten und ist dieselbe sammt den Zähnen nach allen Seiten beweglich. Die das Cystosarcoma umgebende Knochensubstanz, insoferne sie noch erhalten ist, zeigt keine weiteren pathologischen Veränderungen. Der Inhalt der Cysten ist eine durchscheinende, trübe, schleimige Flüssigkeit. Die Wucherungen tragen die Charaktere eines jungen Bindegewebes an sich. N. G.

Fig. 144. Unterkiefer eines etwa 1½jährigen rachitischen Individuums. Die Gesichtswand des Knochens ist abgetragen. In Vergleich mit einem normalen Unterkiefer derselben Zeit ist der wulstige gedrungene Bau auffällig, insbesondere am Halse des Gelenkfortsatzes. Der Knochen ist biegsam und mit dem Messer schneidbar. Die Kronen des linken seitlichen Schneide- und ersten Backenzahnes sind durchgebrochen; der erstere sammt seiner entwickelten Wurzel hat eine gegen die Mittellinie geneigte Stellung; die Labialfläche der Krone ist schief nach aussen gedreht. Der mittlere Schneidezahn ist in seiner Bildung noch weit zurückgeblieben. Der erste Backenzahn dieser Seite hat eine schräge Stellung gegen die Zunge hin. Auf der rechten Seite ist der seitliche Schneidezahn dem Durchbruche nahe, und der mittlere so nach rückwärts verdrängt, dass man ihn kaum zu Gesicht bekömmt. N. G.

Fig. 145. Partie aus demselben rachitischen Unterkiefer. Die Knochensubstanz ist nur theilweise noch gut erhalten, an den meisten Orten hingegen derartig verändert, als ob sie mit verdünnter Salzsäure behandelt worden wäre. Es tritt nämlich daselbst die lamellöse Schichtung zwischen den Körperchen markirt hervor (a) und die Grundsubstanz nimmt sich an den Schnitträndern ausgefranst aus. An solchen Orten, wo die Erweichung einen höheren Grad erreicht hat, sind die Areolen von weichen bindegewebigen Lamellen umschlossen, in welch' letzteren zahlreiche, rundliche oder oblonge gekernte Bindegewebszellen eingebettet liegen (b). Vg. 350.

gradually flattens. The crowns of the vigorously developed teeth are highly worn out, somewhat dislocated, partially covered with tartar and sound. Nat. size.

Fig. 143. View of the same cystosarcoma after having removed the facial wall of the jaw. Some cysts covered with a smooth membrane of connective tissue become visible on the left side; the larger (a) of these is implanted in the angle of the under-jaw, the smaller one (b) in the region beneath the two bicuspids. A gray-reddish, spongy, succulent, lobated mass provided with cysts up to the size of a pea, is to be found between the two larger cysts mentioned before, and fills up the whole protuberance of the left jaw distending more or less the holes of the bone. A cyst (c) of about the size of a chesnut is situated on the right side of the excised under-jaw, being covered with an inwardly smooth membrane adhering to the bone, and extending from the right bicuspid to the left central incisor. The roots of the teeth in the circumference of these cysts are surrounded by the walls of the latter ones, and show the character of absorption. Many wartlike proliferations extending to the left canine project into the left segment of the cyst (c). The roots of both left incisors (d) are everywhere surrounded by these proliferations. The alveoli have disappeared, except the lingual wall of the anterior teeth, which, together with the teeth, is here moveable in every direction. The osseous substance surrounding the cystosarcoma as far as it is yet preserved, does not show any particular pathological change. The contents of the cysts are a transparent, turbid, mucous fluid. The proliferations assume the aspect of a young connective tissue. Nat. size.

Fig. 144. Under-jaw of a rachitic individual of an age of about a year and a half. The facial wall of the bone has been removed. In comparison with a normal under-jaw of the same period the blunt, shortened complexion is striking, especially on the neck of the processus articularis. The bone is flexible, and may be cut with a knife. The crowns of the left incisor and first bicuspid have come through the gum; the first with its developed root has a position inclined towards the median line; the labial surface of the crown is turned obliquely outwards. The central incisor has remained far behind its normal evolution. The first bicuspid of the same side has an oblique position inclined towards the tongue. The lateral incisor of the right side is very near making its appearance, and the central one pushed backwards in such a way, that it is scarcely to be seen. Nat. size.

Fig. 145. A part out of the same rachitic under-jaw The osseous substance is only partially in a good condition, mostly however changed in such a way, as if it had been treated with diluted muriatic acid. The lamellar structure between the corpuscles is there well defined (a); the edges of the slice having a fringed appearance. In such places where the the flexibility has reached a higher degree, the areoli are to be found filled up with cells and enclosed by soft lamellae of connective tissue, which lamellae are provided with many roundish or oblong nucleated cells (b). Magn. 350 diam.